Mindfulness
Word Searches

First published in Great Britain in 2020 by
Michael O'Mara Books Limited
9 Lion Yard
Tremadoc Road
London SW4 7NQ

A CIP catalogue record for this book is available from
the British Library

Papers used by Michael O'Mara Books Limited are natural, recyclable
products made from wood grown in sustainable forests. The
manufacturing processes conform to the environmental regulations of the
country of origin.

ISBN: 978-1-78929-214-5

6 7 8 9 10

www.mombooks.com

Designed and typeset by Gareth Moore

Printed and bound in Great Britain by CPI Group (UK) Ltd,
Croydon, CR0 4YY

Introduction

It's important to take time each day to clear your mind of distractions, and what better way to do that than with a word search puzzle?

Each of the word searches in this book should be solvable within a coffee or lunch break, so you can fit them into your day as suits you best.

To solve a word search puzzle, simply find all of the listed words or phrases hidden within the grid. They may be written either forwards or backwards in any direction, including diagonally. Ignore any spaces or punctuation – it is just the letters that have been placed into the grid.

Word Search 1
Motivational Words

```
T E S L O A N I T U S T E E N
T E L T E E R A T E F O C U S
E S E E T A A U R N E R E X E
N A T A A E R M D E E R I S K
T R E A I D A N S M N E C T A
M R V B T E N V I S I O N T W
C S E R R R T D E S O S T I T
E C I D E T C V E T E A E M P
E S L E E W R U C E I O L M N
E C E C R N O U E N C I E O R
T D B R E A L P S R E C E C S
E T I C X E D E M T S I U R D
E T A C I D E D A E S D N S E
D A C N E R I P S N I T I M N
T S U S T A I N I X S O L O C
```

ATTAIN	EXCITE
BELIEVE	FOCUS
COMMIT	INSPIRE
CREATE	LEAD
DARE	LEARN
DEDICATE	RISK
DREAM	SUCCEED
EMPOWER	SUSTAIN
ENVISION	TRUST

Word Search 2
Elements

R	A	N	N	D	C	B	O	O	O	O	L	C	T	C
M	A	A	O	M	E	O	L	E	K	C	I	N	S	G
U	C	D	L	E	R	R	N	Z	I	Z	I	N	C	B
I	I	N	I	X	C	O	O	C	C	O	B	A	L	T
D	A	M	O	U	L	N	B	K	A	O	O	E	E	M
O	C	G	E	B	M	I	R	O	I	R	O	C	U	O
S	N	N	C	X	O	E	A	T	O	G	G	I	A	N
O	I	L	E	N	I	N	C	D	I	N	L	O	O	O
N	C	N	A	X	D	N	A	M	N	E	A	X	N	N
N	O	O	A	A	A	C	D	E	H	C	Y	N	R	N
N	I	N	E	I	E	G	N	N	C	G	N	O	E	M
R	C	L	G	G	O	D	D	M	E	O	X	E	P	A
C	R	G	E	L	I	N	I	N	R	U	O	N	P	N
O	H	A	D	N	O	M	Z	I	T	I	N	C	O	O
I	O	D	I	N	E	G	C	I	L	B	U	E	C	R

ARGON
BORON
CARBON
COBALT
COPPER
GOLD
HELIUM
IODINE
IRON

LEAD
NEON
NICKEL
OXYGEN
RADIUM
SODIUM
TIN
XENON
ZINC

Word Search 3
Double-'K' Words

D	K	E	A	A	L	E	K	K	E	R	Y	R	K	P
I	N	Y	U	K	E	T	R	E	K	K	E	D	A	K
T	U	K	K	O	H	E	A	K	N	K	E	A	K	A
K	E	H	M	K	F	Y	A	K	K	D	E	K	E	K
D	K	M	A	A	T	Y	K	I	K	I	K	E	F	E
A	A	K	R	K	E	O	H	K	U	O	A	P	I	T
D	H	E	K	K	M	S	K	E	U	K	U	K	N	I
A	K	N	K	A	P	K	K	K	K	Y	K	Q	K	K
H	I	N	A	K	K	A	K	A	I	O	E	J	K	K
D	U	K	A	K	K	K	Y	E	D	N	J	B	C	A
E	A	K	C	U	I	Y	K	N	R	K	A	K	A	E
K	S	U	K	P	A	I	O	Y	U	K	K	S	J	A
K	S	K	O	H	A	P	A	K	K	U	H	C	K	Y
A	I	P	S	I	E	D	R	I	H	A	K	K	U	S
Y	D	K	U	K	D	I	E	D	E	K	K	O	A	Y

BAKKIE	QUOKKA
CHUKKA	SHIKKER
DEKKO	SUKKAH
HOKKU	TIKKA
JACKKNIFE	TOKKIN
LEKKER	TREKKED
MARKKA	YAKKA
PONDOKKIE	YAKKED
PUKKA	YUKKY

Word Search 4
Symbolic

```
L E C C L P M A T S E K G R U
F A T V I E K I R Y T P T A M
I E P E N T A R C E C B M S I
T F I S G E E G A R H E K R O
O S I T O K E N L M T P N V F
M G I F T E H E S D E V I C E
N E M B L E M L R T S E R C S
I E M D L R E G A L I A E N T
I B R O C G D L N S R M I B A
B E G U E E O T B L E C L V S
R D R S G B N A I E O O Y H C
A L E E M I D O D N L A I A A
N O P Y E G F D P M O E K S I
D G S D E A I M E I L A S K T
H O E D T O T E M D I T I M F
```

BADGE
BRAND
CIPHER
CREST
DEVICE
EMBLEM
ENSIGN
FIGURE
ICON

LOGO
MARK
MOTIF
REGALIA
SHIELD
STAMP
SYMBOL
TOKEN
TOTEM

Word Search 5

Cities Larger than Capital Cities

```
A Z L A G O S Y A M I E A K I
T T C Z C O T O N O U D A K R
T I A K A N H C I R U Z Y K M
N O A B M Y T A M L A I M O U
S Y T H G Y N O G N A Y I R M
A C L I G I C A N B C S R O B
A A L C I N Y L U Z I O O R A
N A A H C S A D I A L T N A I
D C A C O K O H B A N A O E O
O R A H A K C I S O B C B N W
U T A E H A D A R K O B L A N
A H A B R J H O L Y U O L A O
L I I A A I T N A Y E N D Y S
A R K N A A U C K L A N D O O
O K K M H L G C A D L B I N I
```

ABIDJAN
ALMATY
AUCKLAND
BATA
COTONOU
DOUALA
DUBAI
KARACHI
KOROR

LAGOS
MUMBAI
SCHAAN
SHANGHAI
SYDNEY
TORONTO
WENO
YANGON
ZURICH

Word Search 6
Asia-Pacific Countries

C	N	U	R	A	L	J	R	E	T	O	N	G	A	D
N	A	I	E	N	A	C	T	P	P	N	A	E	U	E
L	C	B	A	S	O	A	I	A	I	P	A	R	N	A
U	I	P	F	O	S	N	C	L	A	P	E	N	R	S
I	A	I	A	U	P	A	P	T	A	U	A	I	U	N
J	J	U	N	E	T	D	L	N	N	P	A	S	P	A
I	R	S	R	U	U	A	C	H	I	N	A	A	O	O
U	A	U	V	I	T	E	P	A	C	U	A	L	A	P
I	P	A	R	J	I	E	N	U	R	B	P	I	N	U
S	L	B	I	J	E	R	I	A	A	A	M	B	S	P
U	D	C	I	D	R	L	L	I	I	S	U	A	N	A
P	P	A	A	U	N	A	I	D	L	S	A	R	L	J
A	I	U	P	T	A	I	V	H	P	U	S	M	A	T
E	P	E	U	I	N	A	R	A	C	E	O	U	O	U
A	P	I	N	A	U	R	U	A	I	E	P	S	R	A

BRUNEI	NEPAL
CANADA	NIUE
CHILE	PALAU
CHINA	PAPUA
FIJI	PERU
INDIA	RUSSIA
JAPAN	SAMOA
LAOS	TONGA
NAURU	TUVALU

Word Search 7
Heraldry

D	R	B	I	A	N	C	T	N	V	L	A	L	B	E
L	S	R	E	E	H	R	N	E	T	E	N	N	E	O
E	T	G	I	A	I	E	E	R	S	E	S	I	E	E
I	X	X	R	S	G	N	G	T	R	O	G	R	V	A
F	S	G	R	E	U	I	R	A	E	H	B	E	O	E
S	E	R	L	N	L	M	A	T	G	L	R	T	S	V
E	B	B	R	L	E	R	B	R	A	T	T	S	A	U
T	A	E	U	G	S	E	I	Z	B	O	T	I	E	G
S	R	G	R	T	C	E	O	R	M	E	R	B	S	R
E	M	X	S	R	S	N	C	E	N	D	R	E	E	L
R	A	U	Z	R	D	S	B	Y	Z	O	N	R	E	A
C	A	G	R	R	R	D	E	X	T	E	R	S	Z	E
E	T	N	C	R	M	O	I	F	C	E	R	U	R	E
E	E	T	E	B	E	V	T	E	E	O	R	E	E	D
E	E	E	N	V	B	Y	E	A	T	E	S	R	R	R

ARGENT
AZURE
BLAZON
CENDREE
CHARGE
CREST
DEXTER
ERMINE
FESS

FIELD
GULES
MOTTO
MURREY
SABLE
TENNE
TORSE
VAIR
VERT

Word Search 8

Stress-relieving Activities

```
T  A  L  K  I  N  G  E  I  I  G  R  T  G  G
S  G  R  K  N  I  T  T  I  N  G  A  N  N  G
W  N  R  T  I  D  W  U  G  E  G  I  I  U  G
I  I  I  U  I  E  I  C  G  A  L  K  L  S  N
M  B  M  I  I  O  O  N  R  C  L  S  A  I  I
M  M  L  I  I  O  C  D  Y  A  W  E  U  N  H
I  I  U  I  K  A  E  C  W  R  D  T  G  G  C
N  L  G  I  N  N  R  N  I  S  R  A  H  I  T
G  C  N  N  I  O  I  T  C  D  G  L  I  N  E
N  G  Y  N  I  E  I  I  C  N  C  I  N  G  R
I  N  G  T  N  N  B  I  I  N  N  P  G  O  T
G  A  C  N  G  O  N  W  L  T  I  K  N  N  S
N  U  N  K  R  G  A  U  L  I  E  I  O  W  N
N  U  N  E  R  R  N  T  R  G  A  G  O  Y  A
N  A  A  K  D  N  N  I  G  N  I  C  N  A  D
```

AEROBICS	PILATES
CLIMBING	RUNNING
COOKING	SINGING
CYCLING	STRETCHING
DANCING	SWIMMING
DRAWING	TALKING
GARDENING	WALKING
KNITTING	WRITING
LAUGHING	YOGA

Word Search 9

Resins

```
Y G M U A B I Y O H M C R T A
M M T Y B C G R A I G M I S O
R Y H A G E L G R L E B B A N
H R M A M A N S A T T A M R I
Y R D A O I M P R R E N A A M
L H E D H N O B E A A C G H A
A R M M O C A A O U R S M C O
R A C A R O I D S G R E R M N
M U G S X R A M A T E A B A I
S G B L S E A A S M Y A L M K
T R C A M R P I L R A R S N A
A E G B L O L O M O C S A E C
P A S B A A O C X E N A T X L
A G T O A H E O M Y L O L I B
A N Y I R A N C O S P E S T C
```

ACAROID	GAMBOGE
AMBER	GUM
AMINO	HING
BALSAM	KINO
CHARAS	LAC
COPAL	MASTIC
ELEMI	MYRRH
EPOXY	ROSET
GAMBIR	STYRAX

Word Search 10
Magic Show

```
E  A  R  S  F  T  O  A  A  Y  I  T  N  A  C
D  D  N  I  I  B  N  C  A  P  E  R  B  B  I
D  N  A  O  R  G  R  A  E  P  P  A  S  I  D
I  A  A  H  I  E  C  O  T  V  A  N  I  S  H
C  W  P  N  A  S  E  E  E  S  N  C  O  S  N
A  C  A  E  I  T  U  F  I  I  R  S  A  A
R  I  S  G  S  S  I  L  N  C  C  S  G  E  A
D  G  I  I  C  H  A  D  L  U  B  O  S  W  N
S  A  I  S  E  H  T  A  P  I  L  C  I  A  N
N  M  A  C  N  S  E  V  O  L  G  O  B  N  S
A  T  I  I  A  R  A  B  B  I  T  I  V  S  S
A  D  W  B  E  A  C  I  H  C  Y  S  P  L  N
B  A  D  O  S  S  M  A  G  I  C  I  A  N  L
S  N  P  E  L  A  A  I  C  A  B  I  N  E  T
S  R  B  B  L  U  B  T  H  G  I  L  V  H  N
```

ASSISTANT   ILLUSION
CABINET   LIGHT BULB
CAPE   MAGICIAN
CARDS   MAGIC WAND
COINS   PSYCHIC
DICE   RABBIT
DISAPPEAR   SAW IN HALF
GLOVES   VANISH
HAT   VOLUNTEER

Word Search 11
Vision Test

```
R  L  F  R  G  I  I  B  L  U  R  R  Y  E  E
U  U  I  O  A  F  R  S  P  N  H  R  A  F  A
M  T  O  G  C  E  I  E  R  U  R  O  S  L  E
E  S  O  S  H  U  N  H  O  M  F  E  E  G  K
L  F  H  G  I  T  S  S  R  B  E  L  S  E  N
H  O  S  A  E  R  H  E  L  E  S  B  N  L  E
N  G  S  H  R  A  I  I  D  R  S  I  E  E  B
G  G  M  R  P  P  K  E  I  S  E  S  L  Y  H
D  Y  S  E  E  L  N  H  S  E  S  I  U  E  E
L  E  S  E  T  T  I  G  I  P  S  V  I  S  R
S  M  O  L  S  O  T  P  S  L  A  O  Y  I  L
G  N  R  E  P  O  B  E  U  H  L  B  E  G  G
I  U  S  S  O  H  L  I  L  P  G  L  B  H  L
D  V  T  H  T  L  Y  C  R  I  T  E  N  T  S
P  P  G  E  D  A  R  K  R  G  R  H  S  O  G
```

BLURRY	LENSES
CLOSE	LETTERS
DARK	LIGHT
EYESIGHT	NEAR
FAR	NUMBERS
FOCUSED	PUPIL
FOGGY	SHAPES
GLASSES	SHARP
IRIS	VISIBLE

Word Search 12
Making Clothes

```
I  R  L  R  T  E  N  E  D  K  S  M  S  G  N
S  N  E  R  I  O  M  Y  Y  R  N  L  R  C  O
A  K  L  I  S  E  I  I  E  N  I  A  J  A  Y
N  M  E  T  I  O  W  A  W  W  A  L  E  J  A
O  E  T  D  W  A  L  A  L  L  J  E  L  J  R
J  E  S  U  L  E  L  L  A  S  D  I  D  F  E
A  G  I  R  L  T  E  W  E  C  A  O  E  E  E
R  I  E  A  R  O  C  D  O  O  F  L  O  S  N
C  L  C  E  U  O  D  I  R  T  T  N  E  E  G
Y  E  K  N  D  I  O  M  I  E  V  G  E  L  S
L  S  C  W  M  E  E  E  T  A  R  O  E  J  L
E  K  I  D  T  N  U  R  E  E  W  I  I  N  A
N  L  O  I  Y  T  K  S  S  M  A  O  L  L  D
E  U  T  I  S  A  T  I  N  T  A  A  O  O  E
R  C  D  A  W  C  R  K  E  M  E  L  C  L  L
```

DRILL	NET
FELT	RAYON
JEAN	SATIN
KID	SERGE
LACE	SILK
LAME	SUEDE
LAWN	TWEED
LYCRA	VOILE
MOIRE	WOOL

Word Search 13
Top of Your Head

```
P U N N F P D O G D K A L L O
O O B U P D O T B P N N E C C
P R A W N Y Y R U N U K W P E
N U R O U N O N R T W W I R T
E L B U L W K U B P K A G R O
W D L C N T B C U L C H O B U
D D N D U U K K R A A O N A P
U E H O A R I U A I L M T M E
A R F A L E L U D T B O B E E
N E U U I B T N L O R R A U I
A I P C D R P N N F R U L A E
O H U E E W W O A R N W D O D
P U I T F E W U N B F E F U A
B R T N A B R U T A N W Y W U
U K O A W O I O N M A T A D F
```

AFRO
AUBURN
BALD
BLACK
BLONDE
BROWN
CURL
DYE
HAIR

MOHAWK
PLAIT
PUNK
RED
TOUPEE
TURBAN
UPDO
WEFT
WIG

Word Search 14

Astronomers

```
A O N R I N D I E N S G E A S
A E D L K G N L H I O I O N R
H L L M E S S I E R S T B A E
N I E N S E B A I N H E W H A
E L A A S M I O C H D I R E G
R A R O V A A E D R P R I W N
T G I E E I L D H R R O E B N
E G A L L S T A A E A A Z E A
Y E H I I P W T L T D V E A G
E D E U T K E L I M E G U E A
L E S E I K E K L N N O I O S
L O W N I G E T B M N I O E B
A M G A L R L N A C I N T E R
H L H A E L B B U H N Z G R A
I R G L E I S E R A G H E S L
```

ADAMS
AHNERT
AITKEN
AZOPHI
BOUVARD
CELSIUS
DENNING
GALILEO
GELLER

GLEISER
HALLEY
HAWKING
HUBBLE
KEPLER
LEAVITT
MESSIER
NEWTON
SAGAN

Word Search 15

Feeling Calm

A	N	N	L	I	U	Q	N	A	R	T	C	E	U	E
U	S	P	R	I	V	A	T	E	E	S	E	A	E	F
D	E	E	S	T	I	L	L	D	I	C	A	L	P	G
L	U	F	E	C	A	E	P	E	S	O	N	V	I	E
P	S	I	D	Q	S	E	U	E	E	N	E	P	T	E
D	S	C	U	E	A	C	N	E	R	T	L	L	I	D
R	E	I	C	H	I	N	S	L	E	E	T	H	D	E
S	E	T	R	O	U	F	I	I	N	N	N	R	E	X
T	P	T	C	E	M	S	I	F	E	T	E	D	T	A
L	O	E	X	E	A	P	H	N	A	E	G	E	S	L
A	I	D	S	D	L	S	O	E	G	D	E	D	E	E
I	S	N	A	A	M	L	F	S	D	I	L	E	R	R
O	E	T	C	N	E	L	O	L	E	I	D	C	E	T
P	D	F	N	R	L	T	E	C	M	D	Q	E	I	A
D	E	N	E	S	E	P	A	N	T	S	O	L	X	R

AT EASE
COLLECTED
COMPOSED
CONTENTED
DIGNIFIED
GENTLE
HUSHED
MILD
PEACEFUL

PLACID
POISED
PRIVATE
QUIET
RELAXED
RESTED
SERENE
STILL
TRANQUIL

Word Search 16
Minerals

```
I  I  E  U  S  N  C  A  E  T  I  E  D  A  J
P  Y  R  I  T  E  C  E  T  N  T  J  F  T  L
T  T  E  T  T  I  O  T  C  E  S  R  E  O  G
N  R  T  A  M  R  A  M  B  I  N  N  I  T  O
I  A  E  J  C  C  U  C  L  R  N  R  C  R  A
L  S  G  U  A  S  P  I  E  G  O  E  A  D  I
F  A  T  M  P  S  C  E  T  I  I  A  L  G  E
E  E  X  Y  I  A  E  T  I  Z  O  Z  R  N  Q
T  A  G  V  A  Z  I  R  C  O  N  R  I  U  T
R  E  M  E  R  Y  S  A  L  E  Y  V  A  E  R
E  T  I  T  A  P  A  Y  A  L  I  R  T  T  A
X  A  R  O  B  L  Y  E  C  L  T  A  Z  E  P
C  P  I  T  C  B  M  I  O  Z  L  P  L  E  S
T  U  R  I  I  N  P  L  M  C  I  A  R  E  N
N  Y  C  E  R  I  T  E  R  E  B  M  U  R  L
```

APATITE	MICA
BORAX	OLIVINE
CALCITE	PYRITE
CERITE	QUARTZ
EMERY	SILICA
FLINT	SPAR
GARNET	TALC
GYPSUM	UMBER
JADEITE	ZIRCON

Word Search 17
Relaxing in Nature

```
R G R D B V U N S R A K A U S
E D A R I N L A S E D T N R L
V B N R P A R K T E H M B B E
I O S O D H T A R B S S A S I
R S D S P E P L A N T S U B A
U E A T O P N B S L H H H B P
E T E A S V E E B E E C R E S
N T I F B E E H V A N A N O U
A R P S P R R W H E R H V R S
M A A F T N B O B L T K E E R
I I T E E I B D F S H R U B S
K L H G R R D A N D D T B D N
M F E D A U B E S A S S A R G
A A S T S R A M R E I S S A S
E T R M A E R T S R P S S T E
```

BARK	PARK
BENCH	PATH
BIRDS	PLANTS
BUSHES	POND
FOREST	RIVER
GARDEN	SHRUBS
GRASS	STREAM
LEAVES	TRAIL
MEADOW	TREES

Word Search 18
Santa's Workshop

```
T F N L S A C K N O T T O R G
E O A R T R N W I A S X T D L
Y A R C S O S E C T S L P I B
E L E S T Y S E E N O T R R N
B N I S O O O B L A E N E E S
E S N C L T R T I S D S S D I
S C D A B O N Y S H G G E S I
S H E B W S O H T E S S N U L
S R E I B R D T G S I S T I G
E I R N M O A A R I H D S T S
S S T I I O X P O E E S N R E
E T B A G S D E P B K L S S G
V M E U S L D E S I O N S L Y
L A E X T A E T L L N L H N S
E S S M C E G I H S D G O R I
```

BAGS
BOXES
CABIN
CHRISTMAS
ELVES
FACTORY
GROTTO
MODELS
NICE LIST

PRESENTS
RED SUIT
REINDEER
SACK
SANTA
SLEIGH
TOOLS
TOYS
WRAPPING

Word Search 19
Bread Products

```
L D A A L P A I A R O C B A E
C T R T B A R A R W R R L O L
O O C T H F L B B U D L T O G
A T I A F G N B M A I R A B P
A P E B C I C P E T O F C O B
E A T A A B E R R L E I R B T
E I H I C T B O L N B A A P E
C T O C O A T P F A U E A A E
N T O T D A K O I A T B H R H
E A C O K A C E R T B F A A C
L P S L D A O O E I C C L T O
R A B A C C T U C O L L L H I
H H E C H I G H A R O A A A R
T C I W R A P B A G E L H W B
C A E C B A L L A A T P C T B
```

BAGEL
BAGUETTE
BRIOCHE
BUN
CHALLAH
CHAPATTI
CIABATTA
COB
CRUMPET

FOCACCIA
LOAF
PARATHA
ROLL
ROTI
SODA BREAD
TEACAKE
TORTILLA
WRAP

Word Search 20
Relaxing Weekend

H	E	N	O	F	I	A	Y	C	A	R	E	H	G	S
I	E	N	D	E	V	T	H	A	E	G	B	O	N	T
A	F	I	T	U	B	I	A	P	P	L	R	O	I	O
B	F	E	E	A	L	O	A	I	G	I	U	S	K	N
Y	O	I	M	L	W	P	O	F	N	K	N	N	A	T
O	C	A	O	A	S	R	M	K	A	D	C	O	B	E
I	T	U	R	W	G	C	A	A	D	F	H	O	Y	A
I	T	O	E	D	P	O	E	M	G	I	C	Z	A	O
L	R	N	H	F	G	A	E	A	B	A	N	E	E	M
I	A	M	S	W	I	A	R	D	M	A	Z	N	G	H
N	C	L	A	W	O	L	M	T	I	E	E	I	E	M
A	A	L	E	B	D	N	M	E	Y	V	N	I	N	R
I	K	E	M	N	N	A	E	D	W	H	R	I	I	E
A	G	N	I	P	P	O	H	S	K	D	A	O	C	M
T	P	G	L	I	A	I	P	I	N	N	A	P	Z	G

BAKING
BOARD GAME
BOOK
BRUNCH
CHILL OUT
CINEMA
COFFEE
DINNER
FILM

MAGAZINE
NAP
NEWSPAPER
PARTY
SHOPPING
SNOOZE
TEA
VIDEO GAME
WALK

Word Search 21
Ancient Greek Map

```
A I G E R E H O H C S G S D A
M R O Y C L T A A E O I Y C D
Y A A D R S O E D A Y O R T O
D E R I E S S O R D T Y M S D
I D T O G S H E E C H H D H O
D C X D I R S L S M R R E A N
S E O S H A P O R E A L S N A
T T E R R H S A S P C O A E S
E C R A I D O O A G E I L P A
B T G R O N D E P H R Y G I A
Y E E G A I T O E O B N R P T
M P A O A A B H G E S A H S R
I P D S D E C A E E S X M G A
S P A R I T H A C A R O I O P
O P P Y L O S R R H P S I P S
```

ARGOS
ATHENS
BOEOTIA
CORINTH
CRETE
DELPHI
DIDYMA
DODONA
ITHACA

MEGARA
NAXOS
ODESSOS
PHRYGIA
PYLOS
RHODES
SPARTA
THRACE
TROY

Word Search 22
Things That Are Yellow

```
U L E P I E E T D K U E L A D
Y S U S I P T O M R S S A G L
A H T C H I C K K O I O N H G
Y S A A E L E N R L S B C Q R
R A H R D U I M B L O D G O F
A U D L T A I D K A R Y A I L
N Q R E C R T N O L N D G U B
A S A M P H C D G F S A H G G
C D H O D H E L I I F M N R E
D B R N R C T E G G I A O A M
I A S A A C H N S D G O D P D
I P M L T R E E I E D E A T N
A C E M S S S A D L O G R I G
L R S T U T U H B S S C L S A
P K S D M L N C K B U T T E R
```

BANANA
BIG BIRD
BUTTER
CANARY
CHEESE
CHICK
CUSTARD
DAFFODIL
DIGGERS

EGG YOLK
GOLD
HARD HAT
LEMON
MUSTARD
PRIMROSE
ROAD SIGN
SQUASH
THE SUN

Word Search 23
Oxford Colleges

```
Y  S  T  S  I  N  N  J  I  K  W  L  H  E  S
B  N  Y  E  H  O  S  U  S  E  J  D  S  U  E
H  T  S  T  S  G  N  S  I  K  E  B  L  E  W
O  B  G  F  I  O  U  E  N  C  M  A  L  E  T
G  T  L  E  T  N  E  H  C  E  A  S  N  T  S
T  O  S  R  L  R  I  F  T  D  G  S  B  R  T
W  L  E  E  C  S  G  R  J  S  D  E  A  W  C
U  M  N  A  E  N  G  U  T  S  A  N  L  U  R
G  R  N  A  O  M  O  N  G  W  L  N  I  O  O
S  I  T  D  N  N  L  G  S  S  E  A  O  M  S
L  I  L  T  A  L  L  E  L  N  T  L  B  S
M  R  E  T  E  X  E  N  N  U  S  S  E  R  N
T  O  G  E  S  I  K  W  A  D  H  A  M  E  L
A  R  E  L  R  N  I  A  S  N  H  O  J  T  S
O  S  T  O  N  C  I  L  I  N  C  O  L  N  R
```

BALIOL	NEW
EXETER	ORIEL
JESUS	ST ANNE'S
KEBLE	ST CROSS
KELLOGG	ST HUGH'S
LINACRE	ST JOHN'S
LINCOLN	TRINITY
MAGDALEN	WADHAM
MERTON	WOLFSON

Word Search 24

Shakespeare Sonnet 18

N	P	S	X	V	E	S	R	U	O	C	I	Q	E	O
S	Q	U	O	H	Y	F	D	X	S	E	M	Z	K	K
X	D	E	G	V	P	E	P	M	P	E	F	G	F	B
D	L	R	F	J	X	M	R	B	E	E	L	I	G	M
K	O	B	O	H	W	I	Z	C	U	D	E	A	L	C
U	G	R	I	U	L	T	N	D	F	D	U	H	S	P
N	A	O	B	D	G	A	H	E	M	O	S	E	T	J
F	S	U	Z	T	H	H	Z	E	D	A	K	A	S	X
Z	E	V	X	C	J	D	V	L	A	A	P	J	H	U
M	E	X	U	X	Y	A	K	R	H	V	H	I	T	E
K	E	Y	E	S	L	Y	H	S	P	S	E	S	A	N
U	J	A	L	O	V	E	L	Y	J	U	Q	N	E	H
S	G	F	Y	U	F	S	P	Z	R	I	Z	M	D	R
S	D	N	I	W	O	I	V	P	B	R	W	A	P	A
M	S	F	E	V	B	C	O	A	A	W	P	Y	B	R

BUDS
CHANCE
COURSE
DAY
DEATH
EYE
GOLD
HEAVEN
LIFE

LOVELY
MAY
ROUGH
SEE
SHADE
SHAKE
THEE
TIME
WINDS

Word Search 25
Languages

```
K R I I K H K O U E E I E K I
U D U E F R E N C H T B N O L
P R L H P R I N H C T A G R I
O A D S N S R I C S U J L E H
L H B U R U N I S S R N I A A
I C N S S N A C N E K U S N W
S H I S H E G S K N I P H I S
H D I B A N T H I K S I I C I
N A I N A A A P H G H L N R U
N L L T M R E M I S A I P N A
H D I I A R A D R G I I A H T
I I L N S L N S N E S N N D A
I I I I E I I E R A G I A S D
H N A L H U B A R A I S R P N
G N N N N P I N H E E A I S
```

ARABIC
BENGALI
ENGLISH
FRENCH
GERMAN
HINDI
ITALIAN
KOREAN
PERSIAN

POLISH
PUNJABI
RUSSIAN
SPANISH
SWAHILI
TAMIL
THAI
TURKISH
URDU

Word Search 26
Invertebrates

U	I	S	S	A	D	L	I	A	N	S	D	I	C	N
F	N	N	G	U	C	S	D	A	S	Q	U	I	D	L
R	L	O	T	I	A	P	H	I	D	P	Q	C	H	I
T	G	U	L	S	T	E	B	B	F	L	Y	B	U	U
B	F	W	L	E	S	L	S	L	S	E	S	E	H	L
L	B	R	R	P	W	S	L	T	O	L	A	R	O	C
T	E	R	I	A	F	S	E	I	B	U	G	F	A	I
T	A	D	I	W	O	R	M	E	F	L	U	P	B	E
U	E	W	A	B	L	U	D	D	B	R	D	C	C	A
R	U	R	B	E	A	H	R	W	H	T	L	I	Y	P
M	C	R	M	A	A	D	C	E	A	E	O	A	N	T
O	T	E	L	I	R	P	A	E	A	R	U	D	H	A
T	I	I	E	P	T	C	S	C	E	E	S	A	C	T
H	I	M	O	L	R	E	T	A	I	L	E	O	S	H
N	Q	B	C	T	D	S	I	T	W	C	A	I	M	M

ANT	LOUSE
APHID	MOTH
BEE	SLUG
BUG	SNAIL
CICADA	SPIDER
CORAL	SQUID
CRAB	TERMITE
FLY	WASP
LEECH	WORM

Word Search 27
Weather Phenomena

```
G A R H T E A R T W Z A R I M
E W H L G H I O Z E E H A M T
H N A O I D A E D L E M T I O
H I F I R A T W A H C L L S Z
H I R S C R H G Q W L L S T E
T R O R T E A R L R L L D A I
H Z A E S O L O W M G N U F T
S I S T A R R I S R E W O H S
N Y S E S E N M E R S I L O O
H U A R L D O R I W M T C L A
G O U W Y N L R S N O W E A L
R R G U O H A R T R R E T S L
S Q U A L L P H E W A D S N E
I E H L T B R E E Z E A R I T
Y C G E R L G I Z A R R H D A
```

BREEZE	RAIN
CLOUD	SHOWER
FOG	SLEET
GALE	SNOW
GUST	SQUALL
HAAR	STORM
HAIL	THAW
ICE	WIND
MIST	ZEPHYR

Word Search 28

English Castles

N	H	V	A	R	T	E	S	B	N	L	I	N	E	R
I	T	K	S	I	M	C	A	E	R	D	E	E	D	K
E	I	M	E	V	D	M	O	D	W	U	P	R	S	H
C	R	T	R	N	B	O	N	A	A	E	M	P	R
T	N	E	H	U	D	A	V	N	D	R	M	I	E	O
A	E	D	R	I	L	A	R	E	W	K	E	T	M	S
E	P	G	L	K	N	P	L	B	R	L	R	E	S	D
H	H	A	C	L	E	N	K	C	I	W	N	L	A	N
R	G	U	D	V	R	N	O	T	A	M	E	R	T	I
S	A	U	E	H	I	E	L	D	O	R	R	R	B	W
D	N	R	O	H	B	R	T	U	U	A	E	P	A	L
N	I	U	I	R	B	B	I	S	M	R	H	V	B	K
L	R	E	R	A	B	O	P	U	E	L	H	V	E	I
E	E	A	D	R	A	N	R	A	B	H	E	A	N	H
N	B	Y	B	A	R	U	H	D	N	T	C	Y	M	R

ALNWICK	KENDAL
AUCKLAND	LUMLEY
BAMBURGH	PENRITH
BARNARD	PEVERIL
BROUGH	PIEL
CHESTER	RABY
DOVER	ST. MAWES
DURHAM	TREMATON
HEVER	WINDSOR

Word Search 29
Windows

```
A X R H U A L D R I O H S A S
R E H T A E W L B O U N D S U
A E P C H I W R A A R N E S V
D F T B O W E R E T Y C X O H
T C O R I E L O T M T R I R C
B A E U A T M T V N R I F C N
R S A S V N D R C N C O C T E
T R F S A S S I T O R V D E R
R A R T C U O O T R N W B O F
I N T T S C A T M V A T I N C
T R G E U W A S Y N D T F R C
N S Y L N G U P I V O T O U A
I B U I E T S U A O D T L W T
L S N O D V E N T A N A D D I
W G A A K C O D N I W F M H C
```

AWNING	LATTICE
BAY	OCULUS
BI-FOLD	ORIEL
BOW	PIVOT
COTTAGE	SASH
CROSS	TRANSOM
DORMER	VENTANA
FIXED	WEATHER
FRENCH	WINDOCK

Word Search 30

Creepy-crawlies

T	B	T	D	W	A	S	P	G	R	T	O	C	R	C
E	T	R	E	D	I	P	S	R	N	G	H	I	A	T
G	A	I	T	I	U	A	U	A	R	U	S	E	R	T
P	R	N	K	F	A	B	T	U	C	N	H	G	D	C
S	G	S	L	E	I	O	B	A	A	E	U	T	I	I
B	E	Y	I	S	G	E	T	I	M	R	E	T	H	S
E	D	S	M	G	G	R	L	N	G	N	A	T	P	A
E	P	O	A	S	G	E	B	U	G	L	B	G	A	R
W	T	M	A	G	G	C	R	I	C	K	E	T	D	E
H	T	L	A	E	G	T	Y	E	O	L	B	F	U	L
R	G	D	U	R	B	A	A	O	T	C	T	T	S	A
O	N	I	H	W	O	R	M	B	E	W	G	P	E	W
O	A	I	N	W	W	T	G	U	L	S	M	L	M	M
E	G	S	I	I	I	K	I	P	P	B	F	U	H	T
L	K	M	G	B	A	D	T	R	O	N	I	D	L	P

ANT
APHID
BEE
BUG
CRICKET
EARWIG
FLEA
FLY
GNAT

GRUB
MAGGOT
MOTH
SLUG
SNAIL
SPIDER
TERMITE
WASP
WORM

Word Search 31
Provinces of Afghanistan

```
P A R W A N H N A R A N U K I
H T A A Z U D N U K U H A A A
K T A H K L A B N T U A U O I
Z I H K A N R H A R A R U K T
N A L Z H L Z U U I A A K Z K
N U A O U A K W I R I F A R A
S I Z B G H R H P G G Z P N P
N I A W O A I A H B H H I L M
U K I S L Z R A A G A W S K R
P Z T I H I U M K G Z K A L A
F A A Y O E Y R B K N R U R A
O W N A A A R M M Y I B L O B
I N A R N N R A R I A A N H I
L E A P R K Z N T Z N U K G D
B A Y R A F O U G R A R A T P
```

BALKH	KHOST
BAMYAN	KUNAR
FARAH	KUNDUZ
FARYAB	LOGAR
GHAZNI	NIMRUZ
GHOR	PAKTIA
HERAT	PARWAN
KABUL	TAKHAR
KAPISA	ZABUL

Word Search 32
Ballet Steps and Terms

```
B I O B A T T U U L R O S T I
D N L T C A A T A T E R R E C
E E P I T I P E L U A P E U R
N S G O C J T L L P L I E E J
D R I A E H A N O E A E J A J
L E J R G L A I A M L E U E R
U A B E B E A S C M B A T C G
N D L A T E E J S E O U R N T
E A N T R E L B T E T R A A U
A G A O O R A O T U G I L L A
A I R B F E E N I T A U U A U
P O I N T E N T R R P L N B A
T B E B A O S T U T B S E S I
B N O L L A B A R C O A N D U
A E E N O T L G R O R B C R E
```

ADAGIO
APLOMB
A TERRE
BALANCE
BALLON
BARRE
BATTU
BRISE
CABRIOLE

CHASSE
DEGAGE
EPAULE
FONDU
JETE
PLIE
POINTE
ROMANTIC
TUTU

Word Search 33
Olympic Cities

```
P O T N K M U N I C H R B B N
R M L L L Y L W N N E M E A S
E O L S T T S A O N T N R R O
W T A O S E G T D H O M L C A
T N O R H I Y I N N T B I E T
N O O M T K U O O I A L N L L
A N H N E A C O L D O A U O A
E A U E T S T O L I O E Y N N
L L G O L A I H T T W R M A T
O L S N A S M I E S S T S O A
Y U T O I S I O D N O N Y Y R
K O E L I J S N S K S O D C E
O E L R H O I E K C S M N P D
T S A E Y S M E I I O S E T I
L P K O C P U T B R W W Y O T
```

ANTWERP

ATHENS

ATLANTA

BARCELONA

BEIJING

BERLIN

HELSINKI

LONDON

MONTREAL

MOSCOW

MUNICH

PARIS

ROME

SEOUL

ST LOUIS

STOCKHOLM

SYDNEY

TOKYO

Word Search 34
Things That Are Red

```
D  I  T  R  U  U  S  U  A  T  A  S  S  A  P
E  O  M  L  E  S  Y  M  L  U  B  T  R  R  S
O  R  A  D  I  S  H  E  S  T  B  H  E  R  L
A  T  O  L  R  E  M  R  T  E  U  R  I  T  R
R  O  O  A  H  T  O  S  E  B  E  O  O  A  M
U  O  R  M  T  R  C  T  A  S  N  M  M  S  K
B  L  O  C  A  L  R  R  E  T  A  B  B  E  C
Y  B  T  C  O  O  B  I  O  T  U  B  O  I  I
P  L  H  E  O  E  B  N  O  T  A  O  U  R  T
O  O  L  T  K  U  I  E  A  E  S  M  S  R  S
R  O  S  R  R  P  S  N  H  R  L  A  A  E  P
T  D  D  I  O  S  R  R  B  O  A  L  S  H  I
E  U  M  T  E  S  B  T  O  T  S  B  R  C  L
U  P  S  E  B  E  E  O  A  A  A  E  E  R  M
O  R  A  R  H  E  O  S  K  E  T  C  H  U  P
```

BEETROOTS	PINOT NOIR
BLOOD	RADISHES
CHERRIES	RAMBUTAN
ELMO	RHUBARB
KETCHUP	ROSES
LIPSTICK	RUBIES
MALBEC	RUBY PORT
MERLOT	SALSA
PASSATA	TOMATOES

Word Search 35

Lakes and Lochs

R	N	P	E	E	K	A	R	I	B	A	M	N	A	A
M	E	S	E	L	E	O	M	E	O	R	O	N	E	E
N	A	K	N	N	V	U	R	E	W	M	P	E	O	U
E	H	O	B	O	O	A	L	L	N	Y	A	S	A	S
L	N	V	R	D	R	O	N	E	R	M	E	A	D	A
O	N	R	E	A	N	U	T	A	H	O	E	V	T	E
A	A	K	O	V	E	O	H	A	E	N	O	L	R	L
U	L	E	H	L	H	S	M	P	H	S	O	Y	N	I
M	M	L	N	E	U	P	E	O	N	V	E	A	L	N
B	E	E	E	P	M	V	M	E	L	V	V	I	H	N
H	V	E	I	N	T	O	L	O	E	E	K	O	A	H
H	I	E	C	N	P	S	S	E	N	A	E	N	A	E
M	P	L	U	H	P	I	O	E	E	N	E	K	N	O
E	I	R	E	S	A	W	G	I	I	E	N	S	M	L
G	N	A	E	M	V	S	I	L	M	E	N	R	M	E

ALLEN
ERIE
EYRE
GENEVA
HURON
ILMEN
KARIBA
LINNHE
LOMOND

MEAD
MEECH
MWERU
NESS
NYASA
PEIPUS
PSKOV
TAHOE
VOLTA

Word Search 36

Time for a Break

M	T	S	E	R	U	T	E	R	P	U	S	B	S	A
O	E	N	N	G	Z	S	C	A	D	C	A	L	F	A
G	S	U	D	O	K	U	A	A	N	N	C	K	C	P
O	G	L	B	P	A	F	O	E	A	A	E	C	S	P
N	F	W	K	A	O	E	N	N	E	F	C	A	C	L
K	E	H	A	K	L	A	A	H	G	M	C	N	C	E
T	B	E	B	Z	A	A	A	L	S	A	A	S	E	N
S	K	R	Z	N	E	H	B	W	F	A	P	G	S	L
S	T	U	K	O	O	B	C	E	A	B	N	T	K	S
Z	P	A	F	O	S	O	A	I	E	L	S	N	S	P
O	C	O	F	F	E	E	L	A	W	B	K	E	A	G
S	C	Z	E	N	G	N	N	Z	A	D	T	N	S	N
M	N	N	K	U	B	A	A	C	T	N	A	A	A
P	S	N	E	T	A	G	O	E	A	R	H	A	H	S
S	S	P	S	G	S	K	S	S	T	T	P	A	S	C

APPLE	NUTS
BANANA	PUZZLE
BEANBAG	REST
BOOK	SANDWICH
CAFE	SNACK
CHAT	SOFA
COFFEE	SUDOKU
GAME	TEA
NAP	WALK

Word Search 37

Come to an End

```
C R F O F I N I S H W I F A M
B O B A I U B E B E I O R E L
F L L S I A I A A A L E E I D
R C N L N L T R B D T D T L E
A V A R A I S L D A A I T R C
P F O V B P S D R L K S A L A
E M S P E L S A C L N B H L Y
S T U A S I P E E D A U S F E
A N O L S E N L A T T S O H F
W I O O S L T Y A S L U I F H
F L C R U M B L E L N E N L E
R L N B I L H M A D E S D O A
N A S I N K D U E S I A C P R
E F E F T E I R D N L E B L O
D C Y A W E V I G U R C T A H
```

CAVE IN	FOLD
CEASE	FOUNDER
COLLAPSE	GIVE WAY
CRUMBLE	SEPARATE
DECAY	SHATTER
FAIL	SINK
FALL IN	SLUMP
FINISH	SUBSIDE
FLOP	TANK

Word Search 38
Words Ending in 'X'

```
N F R X N X O T E D N X D D I
D U L X I J I I X O E R U F E
L O X F C V X X N N Y R N A L
L A F E X C O U N C E J P E F
F U X E T O D A L L E L I E L
S O E P E R U U A F J L A N X
D X L X O X O X P X N Y H P X
N A P A R X I V X V A I E E L
E M R X A N L X X E J T L L C
A I E S D A E L F O V U I C E
F L P E R L X L C A U N X A X
X C X Y P O L X X Y C C O C L
O D N M C X C C E X I R U C F
X X O J E L E D O C X E D O C
X C A P E X C U E A C X C X L
```

ANNEX	HELIX
APEX	INDEX
CLIMAX	INFLUX
COCCYX	JINX
CODEX	LARYNX
COMPLEX	PERPLEX
CONVEX	RELAX
DETOX	SUFFIX
FAUX	VORTEX

Word Search 39
Team Sports

```
S E L B U O D S I N N E T L A
A O T S L B L D E S L I Y A I
G E L C C L F E U L L I E C L
N N R L L A A O A S N I K R B
I S I R A R I B O Y T A C O A
W V A L U B Y O T T A E O S S
O N S I R E D A N E B L H S E
R L E B L U A N L E K A E E B
A E I L Y I H T A C L S L R A
T A O F G Y N L T H D C A L L
S V L I A R R G O L O P L B L
U L T I M A T E F R I S B E E
A N T E I A A C U R L I N G T
L L C Y C L I N G A B E S I L
R E C C O S L L A B T F O S N
```

BASEBALL
BASKETBALL
CURLING
CYCLING
FOOTBALL
HANDBALL
HOCKEY
HURLING
LACROSSE

POLO
RELAY
ROWING
SAILING
SOCCER
SOFTBALL
TENNIS DOUBLES
ULTIMATE FRISBEE
VOLLEYBALL

Word Search 40
In the Garage

```
E K A R A A X E K H K H L O I
B I E H E O R L S H E E T S R
H I O U B S R F G E E T M D E
S S C L T N I A P L S H L S A
E E O Y R R I G S L O E H R S
A O E S C N H A T G V V S S W
T S I I O L H I U O E O E F H
O R P H H A E U H E C B I S S
L T M I M L O S A W I L E O H
N P E M D S L S E D E H O I V
Y E E L S E K S O S R L L K O
E R V S E C R S R A E H S E S
C A B U C K E T A A I M T T O
I L C P H E L M E T S C A R I
C A W S L V C S S C K L S R L
```

BICYCLE	OIL
BUCKET	PAINT
CAR	RAKE
FILES	SAW
GLOVES	SHEARS
HAMMER	SHEETS
HELMET	SHOVEL
HOE	SPIDER
HOSE	TOOLBOX

Word Search 41
Casino Visit

E	L	S	B	A	E	P	W	R	O	L	B	E	T	S
D	S	E	K	D	B	C	R	Y	E	N	O	M	S	O
P	K	R	E	E	E	R	A	D	T	E	K	T	E	E
K	W	A	R	L	L	C	W	N	E	O	H	S	E	R
D	B	B	E	E	E	E	K	E	E	B	E	O	E	Y
E	C	E	E	L	L	R	P	S	C	S	B	E	M	B
E	H	C	L	S	E	A	T	L	C	A	C	M	A	E
W	C	A	T	P	A	E	E	R	A	T	R	N	E	S
L	B	A	E	T	E	Z	A	D	D	Y	K	D	S	W
G	K	N	C	C	I	P	G	B	E	P	E	I	S	I
E	D	H	B	A	S	A	K	A	R	H	A	R	L	T
T	I	H	B	E	D	I	N	K	M	E	I	L	K	C
P	L	K	D	K	H	E	C	I	D	B	K	L	C	H
R	O	K	O	S	E	P	E	P	E	A	L	O	O	Y
A	I	Y	A	E	I	E	C	C	P	E	K	E	P	E

BAIZE	DICE
BALL	GAMBLE
BANK	MONEY
BET	PLAYER
CARDS	POKER
CHIP	SHOE
CRAPS	STAKE
DEALER	SWITCH
DECK	WHEEL

Word Search 42

French Actors

```
C U O C E R G L E S S A C R L
C O S I E J O U V E T T R U T
T E E O A P O N E R U O O R O
E T O C A O E C T U M T E E I
T O P L E I R O J A U P R R D
R C G E E M D L N A P V A T I
E C O R O R E C T U B N A J N
B G E Y A R E C H E S L D E E
O E J R E A B E F S E T B E E
J L I N V A P E E S I L T N R
T G A U R R L Y S E G E E E G
E N E D B J D J L V N N T R G
T H O A N O U C I E E A L T F
T T O U U D Y E H N R V R H E
S T L X P P A V E P I L I H P
```

BARDOT
CASSEL
CLERY
GIRARDOT
GRECO
GREEN
HUPPERT
JOBERT
JOUVET

LEFEBVRE
PHILIPE
RENANT
RENO
ROMANCE
SEIGNER
SEYDOUX
TAUTOU
VANEL

Word Search 43
Personal Qualities

```
N E P O E E S E R E O Y N N E
D W E R H S L T L E E L E E N
O S S H O N E S T E S T I I C
T E T I L O P L Y Y G S A U R
I E C H S N U B U H Y A M R E
H E D C Y N I C A L S C N P B
E E R D I L S S E M E R A T Y
L L I S N Y S T L L U S Y B E
B I O L Y I L T Y D B S N D L
A V P L O R K Y E L N M I E N
I E P L E A S A N T I B U N N
C L S C A O L R S S S S E H G
O Y R D Y S I N C E R E H H E
S T L R P G A N Y N N U F H H
R Y R P C A I I Y S I O N C P
```

AMUSING	OPEN
CYNICAL	PLEASANT
ELEGANT	POLITE
FUNNY	RUDE
HONEST	SHREWD
HUMBLE	SHY
KIND	SINCERE
LIVELY	SOCIABLE
NOISY	STYLISH

Word Search 44

Types of Worm

E	F	R	C	O	R	F	B	L	A	G	M	O	O	B
R	W	I	I	N	E	M	A	T	O	D	E	I	U	F
R	R	A	E	N	I	U	G	E	M	I	N	I	U	C
N	I	H	M	A	L	C	E	E	S	E	P	M	H	C
E	O	B	H	H	U	D	E	W	T	R	H	R	W	T
D	L	R	B	C	O	K	S	U	N	E	R	R	W	O
I	N	T	H	O	E	O	B	F	T	N	W	E	S	N
N	T	K	S	L	N	E	K	W	D	R	R	H	D	G
U	H	U	M	I	S	R	L	W	F	F	I	O	O	U
A	E	H	B	U	R	R	T	M	O	P	E	M	E	E
E	F	A	N	I	R	B	B	M	W	R	E	S	T	R
F	L	T	S	I	F	O	I	O	H	A	M	U	O	E
R	P	O	L	T	E	E	R	E	A	R	R	O	W	E
D	O	B	L	O	R	M	X	R	E	K	U	L	F	H
O	N	N	R	O	C	A	A	R	H	C	L	S	G	P

ACORN
ARROW
BRISTLE
CLAM
DEW
FAN
FLUKE
GUINEA
HOOKWORM

LEECH
NEMATODE
NEREID
RED
RIBBON
SHIPWORM
TONGUE
TUBE
TUBIFEX

Word Search 45
Hairstyles

```
F V P A R T I N G B P B R U T
D G N O L O L R Q U I F F U R
L L Z F D A F R O R N T C Z P
V M U L L E T N O D A B L L A
U U V P Z I U S M W O L S N D
P R U S G O M A B B K A U I U
P N R I E Y K B T B H B A U P
K M D D P V I U R A F R B L R
R L P K P E A P P U B D U B O
P R R B P A M W M U G U Z O M
O L U U C O M M P O S O Z W P
T P K B H P R T P P E R C L N
P T R A P W E B I R O B U C G
O F W Z B L P K R O A H T U R
M K B O P M Y T S H O R T T C
```

AFRO
BOB CUT
BOWL CUT
BRAID
BUN
BURR
BUZZ CUT
LONG
MOHAWK

MOPTOP
MULLET
PARTING
PERM
PUNK
QUIFF
SHORT
SPIKY
WAVES

Word Search 46
Sources of Inspiration

```
W  A  T  S  R  R  D  L  S  T  P  S  T  D  N
P  N  S  W  K  S  M  U  Y  O  D  Y  T  E  C
S  R  S  S  T  T  S  S  P  U  L  L  C  I  P
R  A  T  U  R  N  F  T  O  L  R  Y  S  E  E
S  E  A  F  E  E  P  L  S  E  A  U  C  T  A
W  S  R  U  M  V  C  T  Y  N  M  N  R  R  S
S  E  S  M  S  E  K  S  L  O  A  E  T  O  E
D  H  W  H  Y  T  N  S  I  D  E  L  R  S  A
N  T  A  Y  W  S  E  A  M  S  C  T  U  S  S
E  Q  L  R  F  Y  K  P  A  E  T  U  O  A  S
I  U  K  T  I  R  E  O  F  T  O  D  U  A  O
R  O  S  E  R  U  N  E  O  D  W  U  L  K  S
F  T  T  O  M  S  L  S  S  B  F  S  R  U  O
F  E  A  P  C  L  S  T  H  E  S  U  N  E  I
R  S  P  K  R  O  W  Q  S  E  P  U  N  E  R
```

ART	PLANTS
BOOKS	POETRY
CLOUDS	QUOTES
DANCE	STARS
EVENTS	THE SEA
FAMILY	THE SUN
FRIENDS	TREES
MUSIC	WALKS
PETS	WORK

Word Search 47

Parts of a Church

```
O  R  C  E  B  S  T  R  P  M  M  T  E  A  C
L  A  S  H  A  C  T  M  T  E  C  T  L  S  P
N  P  R  R  A  P  P  A  A  I  W  I  S  S  U
A  A  T  R  Y  P  B  I  L  O  E  L  I  O  T
S  R  V  E  M  L  E  T  W  L  R  A  A  U  F
A  Y  E  E  N  E  R  L  F  A  R  C  A  L  O
E  A  O  W  S  M  U  I  R  T  A  T  O  A  N
E  L  M  C  O  C  T  O  M  R  P  C  O  F  T
T  T  T  R  R  T  E  L  U  S  M  M  I  M  T
T  A  Y  I  I  Y  A  W  T  T  P  V  S  W  B
M  R  A  R  P  O  P  E  Y  P  E  I  L  H  Y
I  S  O  P  R  L  H  T  D  C  A  E  R  M  S
T  O  U  T  R  V  U  C  A  C  H  E  V  E  T
D  L  P  O  F  O  R  P  A  A  Y  V  R  R  O
L  Y  I  D  P  P  S  E  E  A  P  T  T  O  L
```

ADYTUM	FONT
AISLE	NAVE
ALTAR	PEW
APSE	PULPIT
ATRIUM	ROOD
CHAPEL	SPIRE
CHEVET	STALL
CHOIR	TOMB
CRYPT	TOWER

Word Search 48
Give It a Prod

```
I  N  T  T  V  T  O  G  R  B  H  B  K  P  B
S  A  P  K  H  N  A  H  R  D  P  P  U  L  J
P  A  B  R  C  P  O  J  A  B  U  T  G  K  N
B  R  U  H  O  I  C  T  P  S  E  H  I  H  U
E  S  B  U  T  T  T  G  S  U  G  R  R  P  P
T  P  D  O  U  C  N  S  A  I  R  O  U  V  T
W  O  B  L  E  G  T  E  P  R  U  N  E  E  P
N  T  T  S  J  P  T  V  H  R  C  U  U  G  T
K  S  B  S  O  C  L  E  P  H  O  H  U  P  H
E  A  T  E  H  G  U  U  P  T  I  M  N  D  A
U  P  K  A  E  O  S  G  S  T  T  O  P  I  A
T  R  L  G  B  H  V  O  C  T  T  T  P  T  V
B  C  B  O  C  R  P  E  N  U  D  G  E  C  B
B  N  E  A  T  E  K  O  P  O  R  K  C  I  P
I  R  P  D  T  O  U  E  J  T  P  R  O  D  C
```

BUTT	PROMPT
ELBOW	PUNCH
GOAD	PUSH
HIT	SHOVE
JAB	STAB
NUDGE	STICK
PICK	TAP
POKE	THRUST
PROD	URGE

Word Search 49

Playwrights

A	S	C	O	W	A	R	D	R	O	A	N	N	T	T
N	J	N	A	I	E	I	V	T	G	C	O	G	L	O
E	O	S	E	I	O	M	T	O	E	B	I	O	N	R
S	N	O	N	E	D	R	A	O	H	H	L	R	C	H
B	S	Y	E	R	N	D	O	R	I	K	T	C	V	O
I	O	B	A	S	T	E	N	N	L	L	E	E	S	R
M	N	K	C	N	T	N	S	R	E	O	E	H	O	R
E	U	V	M	J	O	R	H	O	E	E	W	D	C	G
W	E	A	B	N	O	O	A	O	N	L	M	E	T	T
J	I	A	E	W	W	B	W	L	O	O	L	M	M	H
E	O	L	A	T	O	S	E	I	T	A	T	I	U	C
D	R	E	D	O	C	O	B	E	W	S	I	R	M	E
I	M	A	M	E	T	O	A	H	A	I	R	R	O	R
T	R	E	R	B	A	S	C	H	Y	S	B	M	D	B
L	O	A	R	R	R	S	A	R	T	R	E	T	N	M

ARDEN
BRECHT
CHEKHOV
COCTEAU
COWARD
ELIOT
GOETHE
IBSEN
JONSON

MAMET
MARLOWE
MILLER
ORTON
OSBORNE
OTWAY
SARTRE
SHAW
WILDE

Word Search 50
Not Very Excitable

```
A D S L D T U C C O O L R M S
P F I S E O D I D I C A L P E
A F L T T A E P R C C E M O S
S I U A C D M D R C N D L N E
D T F I E N U O D E E D A E L
E S E D L E R R R I E R C I M
S E C R L O E E F C O T U I S
O S A R O L S I O S S Q S O D
U U E C C C N R S E N L F E C
E O P E E G O S N A R D S Q T
N I C S I U O R R I E O U U F
E R F D S L A T M O P F E I I
S E L F E E O R C M O T P E C
L S L M N P R R O T R E A T R
I O N U R I D C O I P D E R S
```

CALM
COLLECTED
COMPOSED
COOL
DECOROUS
DEMURE
DIGNIFIED
EARNEST
PEACEFUL

PLACID
PROPER
QUIET
SERENE
SERIOUS
SOLEMN
STAID
STIFF
TRANQUIL

Word Search 51
German Cities

O	K	H	N	B	E	N	I	E	M	R	H	H	G	N
U	D	O	C	D	E	G	E	E	M	N	I	E	N	I
E	M	K	R	I	L	N	I	D	C	M	H	O	B	E
L	L	U	I	E	N	E	N	Z	A	L	R	A	L	S
N	L	R	N	U	V	U	F	R	P	B	H	G	U	S
U	D	N	A	S	R	O	M	E	L	I	S	A	I	E
O	R	M	U	O	T	N	N	I	L	M	E	E	B	N
S	E	U	L	N	N	E	E	A	B	E	R	L	I	N
S	S	U	M	E	I	H	R	D	H	O	I	E	A	W
N	D	W	H	A	M	B	U	R	G	A	E	B	A	N
E	E	D	O	R	T	M	U	N	D	O	G	P	B	H
I	N	E	O	N	E	H	C	A	A	O	M	U	E	E
L	N	N	O	B	R	M	A	N	N	H	E	I	M	L
K	I	E	L	U	H	E	N	G	O	L	O	C	H	H
S	N	I	U	O	M	R	N	M	N	S	H	I	H	A

AACHEN
BERLIN
BIELEFELD
BONN
COLOGNE
DORTMUND
DRESDEN
ESSEN
HAMBURG

HANOVER
HEILBRONN
KIEL
LEIPZIG
MANNHEIM
MUNICH
MUNSTER
ULM
WIESBADEN

Word Search 52
Pulitzer Prize Winners

```
R  I  R  E  E  B  L  A  K  L  W  O  L  F  O
L  O  S  W  L  L  R  Y  N  I  W  L  E  W  Y
A  N  E  D  A  R  N  O  C  E  R  S  R  W  K
A  E  L  E  L  B  R  I  I  I  R  B  E  E  I
A  I  B  D  N  U  E  R  E  E  L  R  Y  M  N
I  L  B  E  B  W  E  B  L  N  N  G  A  E  K
D  L  D  L  A  L  E  W  I  L  S  O  N  W  L
I  Y  I  U  I  R  O  E  W  L  L  R  W  L  Y
Y  W  E  A  F  O  N  E  C  F  L  I  L  Z  L
B  H  M  B  E  F  N  Y  R  I  L  N  U  L  L
F  C  R  A  S  L  Y  O  L  D  R  G  S  O  R
E  E  A  R  C  L  S  Y  E  I  Y  P  W  H  D
E  E  R  B  Z  T  R  R  F  R  A  E  W  E  B
W  L  T  E  R  O  L  Y  L  L  L  B  K  R  B
E  F  U  R  N  U  L  R  A  L  E  W  I  S  A
```

ALBEE	LEWIS
BAILYN	LOWELL
BARBER	MAILER
CONRAD	O'NEILL
DUFFY	PRICE
FROST	WARREN
GUZY	WILBUR
KIRBY	WILDER
LEECH	WILSON

Word Search 53
It's All Business

S	R	G	U	S	A	R	R	A	E	S	R	R	L	L
O	E	B	D	P	I	K	O	R	S	A	I	I	Y	T
S	F	I	F	O	C	C	E	U	P	R	S	U	A	G
O	U	T	S	Y	I	O	M	A	T	R	E	K	G	B
B	N	C	P	F	K	T	N	A	B	P	O	F	O	R
R	D	L	E	B	D	S	F	E	R	A	U	F	F	E
A	L	Y	P	E	D	A	F	O	E	K	Y	T	I	O
N	Y	B	I	L	L	F	D	E	L	R	E	Y	Y	T
D	A	T	E	G	D	U	B	N	A	N	T	T	L	U
T	O	R	D	E	R	T	Y	L	E	L	O	B	P	G
S	S	S	D	E	A	D	A	R	S	G	B	E	P	E
K	C	U	L	R	T	S	F	E	E	G	A	D	U	T
I	L	A	O	G	P	U	S	A	P	T	S	R	S	C
R	P	L	S	T	S	O	C	O	L	I	E	S	E	A
P	L	S	O	F	R	R	T	E	L	S	E	L	A	S

AGENDA
BILL
BRAND
BUDGET
COSTS
DEBT
GOAL
LOSS
MARKET

OFFER
ORDER
OUTPUT
PROFIT
REFUND
SALARY
SALES
STOCK
SUPPLY

Word Search 54
Feeling Patient

U	M	S	A	F	D	Y	L	E	N	I	E	N	T	T
G	N	F	E	E	G	M	L	A	R	P	H	R	C	R
S	N	G	O	R	K	N	L	E	P	E	A	L	O	I
T	T	I	N	R	E	I	I	A	R	P	R	P	M	I
O	S	N	R	I	G	N	N	R	C	U	E	I	P	E
I	I	D	E	E	O	I	E	D	A	R	S	D	O	T
C	N	E	A	G	V	G	V	E	S	E	S	I	S	L
A	S	I	S	L	L	E	Y	I	P	N	B	E	E	S
L	B	R	D	P	L	U	S	S	N	O	M	R	D	L
R	S	R	U	V	R	T	D	R	A	G	P	N	O	F
E	S	U	E	I	E	I	D	N	E	E	B	E	C	F
S	D	H	C	N	E	U	L	C	I	P	G	Y	F	E
C	L	N	T	I	D	E	N	I	A	R	T	S	E	R
B	I	U	S	Y	T	N	A	R	E	L	O	T	S	S
T	M	T	S	U	B	M	I	S	S	I	V	E	D	G

CALM
COMPOSED
EASY-GOING
FORBEARING
FORGIVING
INDULGENT
KIND
LEISURELY
LENIENT

MILD
PERSEVERING
PERSISTENT
RESTRAINED
SERENE
STOICAL
SUBMISSIVE
TOLERANT
UNHURRIED

Word Search 55
Types of Tree

```
L E E A N O E E V I L O Y N H
N V H U A L R L L E A W S A C
M L L K L I O L A O E C P P R
V L F D K R A D E C A A P H R
P I A A L A D I M A A N N E P
R L M P A A W L L S C C U A I
E D M E W R A N E N R I I L N
R I M F T L L P E H E A B A E
E L P A M R N E C A H P I P E
A B E A V C U U B S P A S E L
N E P A I A T I A F I E B A D
B E E C H P R L A I V O L E E
A W B E I C E E S G N E O E R
N O P L H T N H B Y I M E C P
A C L E L A P P L E A R T E F
```

ACACIA
APPLE
ASH
ASPEN
BEECH
BIRCH
CEDAR
EBONY
ELDER

ELM
FIG
FIR
MAPLE
OAK
OLIVE
PALM
PINE
WALNUT

Word Search 56
Bee Garden

```
O A E P R T O M A G R E B B H
A I L E G I E W M O C Y R C T
K A R L D C E A F A L J L O B
M R I N I E R L M A O A J N U
P W K A O J N R T E V P O I D
W O L N O I E E H A E O V E D
T R S R A D P E A R R N Y L L
H E A S N P L M K U A I A L E
Y M V E Y T W E A G B C R U I
M V V O N H N E R C R A R M A
E A E I L I I I E A O N O E R
L Y N X M G M O Y D O I W A I
U O O S C O X O B I M G R I O
I O A E N R V O V I O L E T A
E J R Y E A G I F O T D M O H
```

AGRIMONY
BERGAMOT
BROOM
BUDDLEIA
CAMPION
CLOVER
FOXGLOVE
HYSSOP
JAPONICA

JASMINE
KNAPWEED
LAVENDER
MARJORAM
MULLEIN
THYME
VIOLET
WEIGELIA
YARROW

Word Search 57

Computing Terms

I	U	I	L	X	B	I	U	I	U	N	E	M	L	N
I	I	U	U	S	N	U	N	M	A	U	O	N	D	H
E	U	N	U	N	I	G	I	G	U	B	I	I	I	O
N	I	N	B	D	B	I	U	M	T	I	D	T	O	N
L	I	B	C	E	G	T	U	U	U	N	M	L	C	R
X	U	O	R	N	U	N	D	F	D	G	R	S	R	I
A	T	X	R	U	U	A	U	X	A	U	O	T	A	X
U	U	T	C	U	B	A	M	S	T	G	O	R	D	C
O	U	U	R	B	N	X	P	O	A	B	N	O	D	U
F	U	U	O	I	I	T	L	I	M	H	S	P	U	N
B	I	L	T	R	N	O	B	B	I	F	I	C	M	F
Y	F	L	O	X	U	T	B	O	B	C	N	L	R	F
T	S	F	E	H	S	N	E	U	T	O	O	S	O	G
E	O	O	T	O	S	B	I	Y	S	I	O	N	U	B
O	L	N	N	P	X	N	I	N	L	C	O	T	E	I

BIOS	FTP
BOOT	GUI
BUG	HIT
BUS	ICON
BYTE	LINUX
DATA	MENU
DOS	PORT
DUMP	UNIX
FILE	URL

Word Search 58
Orchestral Instruments

A	S	L	S	E	O	B	A	S	S	O	O	N	S	R
R	N	L	U	S	E	T	R	I	A	N	G	L	E	C
I	L	L	U	A	N	A	M	S	O	I	M	R	B	I
R	B	O	B	X	O	A	B	U	T	N	O	B	D	O
B	A	B	B	O	B	L	P	C	R	B	A	T	R	O
A	G	O	T	P	M	T	C	C	V	D	E	I	A	E
O	A	E	N	H	O	I	E	M	E	N	S	R	P	O
I	N	R	X	O	R	M	N	N	R	L	U	S	A	D
O	T	O	L	N	T	P	R	O	I	B	L	T	A	B
V	I	R	L	E	N	A	C	I	U	R	A	O	O	B
A	I	C	U	O	O	N	A	O	I	H	A	R	P	S
C	I	O	O	M	C	I	M	O	A	N	N	L	O	R
A	S	E	L	G	P	C	A	N	O	R	O	I	C	I
E	L	R	T	A	T	E	I	N	I	L	O	I	V	I
E	T	U	L	F	E	C	T	P	P	A	O	N	R	S

BASS DRUM	PICCOLO
BASSOON	SAXOPHONE
CELLO	TIMPANI
CLARINET	TRIANGLE
CORNET	TROMBONE
FLUTE	TRUMPET
HARP	TUBA
OBOE	VIOLA
PIANO	VIOLIN

Word Search 59
Grasses

```
W R Y E C O M M O N R E E D N
S R E M S A L G R W T I C S R
L S W I T C H G R A S S S I G
O C C O O B M A B E B W T S R
O A T B M I L L E T A O S A A
B T S T R I R R B R M A O T A
S G S C S O I S Y A R O O R S
U R S O T F O O A G R M L O S
A A A G O A L M H U T L F T T
E S R O R A M C C R C T E M R
Z S G N F L T C T O B I N Y A
I T E F B U A A T R R B A O W
A O U A C C E O O R A N U O R
M B L S D H T M R M B E O B T
B H B C W R E L C H C T A H T
```

BAMBOO
BARLEY
BLUEGRASS
BROOM CORN
BUFFALO
CAT GRASS
COGON
COMMON REED
MAIZE

MILLET
RICE
RYE
SCUTCH GRASS
SOFT BROME
STRAW
SWITCHGRASS
THATCH
WHEAT

Word Search 60

Let's Sing

H	T	E	U	D	P	B	O	C	I	R	P	T	E	P
T	D	W	E	E	W	O	R	O	R	T	L	I	E	H
S	H	P	N	M	S	I	C	O	R	O	O	E	T	R
P	A	R	H	R	U	H	S	I	N	T	O	E	L	R
Y	R	L	S	P	I	H	L	O	D	A	N	N	S	R
O	C	R	L	R	O	L	B	O	I	O	R	I	T	U
D	B	R	P	R	C	A	U	Y	R	R	P	L	N	O
E	O	O	B	G	S	S	H	P	R	R	H	D	H	H
L	L	R	N	S	N	T	U	O	I	C	O	H	U	O
A	O	I	A	R	M	O	A	R	I	B	A	W	L	E
I	S	O	C	O	C	L	S	C	O	T	U	P	P	S
S	I	H	O	T	A	H	A	U	B	H	T	S	T	O
E	C	C	W	L	E	I	A	O	P	I	C	R	G	W
O	H	I	N	A	G	B	R	N	L	M	O	O	T	L
P	I	P	E	A	E	P	D	O	T	C	O	T	Y	T

AIR	CRY
ALTO	DUET
BASS	HUM
BAWL	PIPE
CHANT	SOLO
CHIRP	SONG
CHOIR	TENOR
CHORUS	TRILL
CROON	YODEL

Word Search 61
Making It Clean

```
M Y B S T T V W A S H A B P P
K T H U M T T A S P P K U L S
U P R K F C B O O A A T S P D
S M T U Y F S F T M O R S U I
H E B B B I M S A I S F A U E
S Y M P P B B C T Y P A A W D
A R O P P V A L E T K E E F A
B Y C E W F T A A Y R D U T S
B L E L M C Y W U H A F L P I
A T Y S B D I B R H O B M I U
S S M S I P R C L E A R K C I
B W W T E U B I S K M W M K H
H A M C S D P M M R A I T M E
B F F H A S U T A B T O O C U
I F T C C W W P L E L P S O D
```

BRUSH	RUB
BUFF	SOAK
CLEAR	SOAP
COMB	STEEP
DRY	SWAB
DUST	TIDY
EMPTY	VALET
MOP	WASH
PICK	WIPE

Word Search 62
Stringed Instruments

```
A D S I H E L G J J C U D U O
C B A U H Y O R A A H U A H L
E A U H R L B O J D T U B E G
B S G E U H U V E E W L R G R
E E U U A R I T O L R L A G L
R E A L R O E U E U C O G P L
S S O H L O G R O T U O B A B
A T J A B O R J S Z J L B U A
R A A T H E N L B E U A E P N
R O R L H A U C B B B H L L H
A G S J B H A E Z E J S E D U
L A E C R L H P R R B A H H L
S H R E S A H R S H A Z O A E
U U O H H C J A A H N A J S H
G N E G N E N H A E G O H H N
```

BANHU
BANJO
CRWTH
DAHU
ERHU
ESRAJ
GAOHU
GEHU
GOJE

GUSLA
HARP
LUTE
LYRE
OUD
REBAB
REBEC
SAZ
VIOLA

Word Search 63
Desert Animals

T	E	M	C	K	T	X	A	D	D	A	R	A	R	O
A	R	M	E	A	L	A	K	C	A	J	C	E	L	L
C	E	E	D	S	M	H	C	I	R	T	S	O	L	T
D	N	C	P	R	N	E	N	T	P	V	H	O	N	I
N	L	T	K	I	A	E	L	E	E	A	N	A	E	D
A	I	A	A	R	V	P	I	P	A	E	H	R	A	E
S	O	C	T	K	D	I	O	K	H	P	E	D	J	A
P	N	H	M	B	R	L	T	E	E	V	B	H	R	Y
C	E	A	A	Y	E	E	A	L	L	A	T	E	H	R
N	R	A	I	T	O	X	E	L	A	C	A	R	A	C
A	U	M	N	A	E	I	Y	M	K	E	T	O	A	L
N	T	A	A	E	R	E	C	R	E	L	E	O	R	R
E	L	T	R	N	L	D	H	R	O	E	L	R	B	N
Y	U	C	N	E	R	A	O	C	E	N	E	A	O	A
H	V	N	L	N	A	Y	N	Z	E	B	R	A	C	A

ADDAX	LEOPARD
ANTELOPE	LION
CAMEL	MEERKAT
CARACAL	ORYX
CHEETAH	OSTRICH
COBRA	SAND CAT
ELEPHANT	VIPER
HYENA	VULTURE
JACKAL	ZEBRA

Word Search 64

Crockery

```
V G E T A L P E D I S V F C F
A A C F M U G O U T E O O O U
P C S A S T O P A E T F T A E
P E E E B O C G C S F E T G A
T T E A C U P A U E A R Y R T
E T C L R T K G E S E U F A U
U F E O E E A P E T E F N V R
O D U U S R O T T G U J J Y E
S B R T B T S A U C E R A B E
C C A O T E L E S U N L C O N
E N W U A P S E R S A A O A S
D L A O L W O B D A L A S T O
C O F F E E C U P T L T O R E
E A S S O P U T P E T O T S U
A T L W O B P U O S T R P A E
```

CAKE STAND	SAUCER
COFFEE CUP	SIDE PLATE
COFFEE POT	SOUP BOWL
CRUET	SUGAR BOWL
GRAVY BOAT	TEACUP
JUG	TEAPOT
MUG	TEA SET
PLATTER	TUREEN
SALAD BOWL	VASE

Word Search 65
Seas

```
H N H T S A N N R G N I R E B
L T N C O R A L A E G E A N I
A A R A O T L R A N C K E R R
A R E O N C I I N L O C N I L
N R N P N D L E N R N L T N A
A A A A B N A C R I R H R E H
E R Y B P L O M A E R N L C K
B K E N I A A B A A D A I A N
B A L M L A J C C N R T I C I
I H L A A H N I K R A C C A A
R C O T H B A A H I C E O S J
A J W R I N R B R T D L N P A
C C C P I C W D C A A J I I C
N N E A K R A S C I O N I A N
A P R B E A O K H O T S K N D
```

ADRIATIC	CORAL
AEGEAN	IONIAN
ANDAMAN	JAPAN
ARABIAN	LINCOLN
BALTIC	NORTH
BERING	OKHOTSK
BLACK	RED
CARIBBEAN	THRACIAN
CASPIAN	YELLOW

Word Search 66

Glass

L	F	S	L	M	N	E	S	N	T	T	M	M	Z	I
T	F	T	E	S	U	E	T	T	A	O	L	F	T	T
I	P	A	A	A	P	E	L	E	L	W	P	R	U	E
M	S	I	L	N	S	E	A	T	T	N	M	T	C	L
E	L	N	C	A	Z	N	I	A	T	I	W	T	P	L
S	E	E	E	T	E	T	E	P	E	O	T	O	O	U
A	M	D	R	R	T	T	S	E	L	T	B	K	R	C
L	M	A	E	T	A	A	L	R	S	X	S	X	E	C
E	U	E	K	L	N	E	A	L	S	I	E	E	P	T
Q	T	E	P	L	L	E	M	I	T	A	L	R	T	D
R	F	L	I	N	T	I	O	T	E	L	L	E	Y	P
I	A	E	F	T	S	P	P	E	U	F	T	L	X	P
A	T	L	L	A	A	T	T	T	A	R	K	L	T	D
E	L	I	K	L	T	T	Q	T	E	T	M	I	L	K
E	T	S	A	P	F	F	T	L	A	M	S	P	A	P

BOTTLE
CROWN
CULLET
CUT
FLINT
FLOAT
MILK
OPAL
PASTE

PERLITE
PLATE
PYREX
QUARTZ
SILEX
SMALT
SPUN
STAINED
TEKTITE

Word Search 67
Evergreen Shrubs

M	L	V	R	E	O	Y	V	P	Y	E	L	H	E	A
L	A	A	A	N	D	A	I	H	A	L	V	A	E	I
S	F	H	A	M	E	B	B	O	L	A	L	U	U	R
U	R	O	O	V	S	I	U	T	U	U	A	O	E	E
T	N	T	R	N	L	O	R	I	I	O	P	D	H	A
Y	H	M	C	S	I	M	N	N	D	L	N	A	R	D
A	R	M	Y	E	Y	A	U	I	S	E	O	I	I	P
C	I	A	E	A	I	T	M	A	V	A	T	E	M	R
L	A	L	M	U	A	A	H	A	E	N	L	L	Y	I
I	A	L	L	E	B	B	L	I	D	D	A	D	R	V
C	E	D	L	E	S	O	D	E	A	E	U	D	T	E
U	B	L	N	U	M	O	X	P	P	R	R	U	L	T
Y	L	L	O	B	N	A	R	R	H	Y	E	B	E	N
A	I	S	T	A	F	A	C	L	N	D	L	O	I	D
S	U	M	Y	N	O	U	E	L	E	S	H	N	O	P

BOX	LAUREL
BUDDLEIA	LAVENDER
CALLUNA	MAHONIA
CAMELLIA	MYRTLE
DAPHNE	OLEANDER
EUONYMUS	PHOTINIA
FATSIA	PRIVET
FORSYTHIA	ROSEMARY
HOLLY	VIBURNUM

Word Search 68
Collective Nouns for Animals

B	R	D	P	S	N	D	R	A	D	R	A	H	O	R
V	I	M	D	L	R	O	D	S	P	A	O	A	D	O
K	R	P	M	H	R	O	K	E	E	A	O	O	O	G
D	O	O	R	B	R	U	A	O	G	B	P	M	O	P
M	R	N	A	P	L	E	P	O	E	G	K	A	O	P
T	N	R	H	K	D	H	U	V	E	D	R	I	F	T
R	K	E	C	I	A	D	Y	D	R	V	P	S	C	T
I	L	M	R	B	H	D	K	C	A	P	O	O	I	R
H	Y	P	K	O	Y	K	Y	D	D	O	O	R	A	R
E	P	F	M	M	M	I	W	D	U	M	I	D	E
R	M	T	F	N	R	M	I	D	O	V	R	G	E	N
D	R	R	L	A	T	A	M	E	O	A	A	A	U	H
R	A	O	K	O	S	E	E	D	B	N	P	R	H	R
A	W	O	D	K	R	T	R	I	G	P	R	D	N	H
G	S	P	R	S	R	O	K	S	W	E	M	R	E	E

ARMY	MOB
BEVY	PACK
BROOD	POD
CHARM	PRIDE
DRIFT	RUN
DROVE	SKULK
GANG	SWARM
HERD	TEAM
MEWS	TROOP

Word Search 69
US State Capitals

```
J  I  I  K  N  T  O  P  E  K  A  R  U  T  N
A  A  O  M  N  T  C  N  N  P  P  S  A  A  R
R  T  C  A  I  S  B  A  Y  N  A  B  L  A  N
L  P  V  K  N  I  T  S  U  A  R  D  N  H  E
O  H  M  T  S  R  I  O  X  E  N  L  G  N  N
R  O  D  A  S  O  I  E  C  R  O  I  E  O  T
E  E  E  O  N  C  N  A  U  C  E  R  T  E  P
A  N  N  B  F  T  U  S  N  L  R  S  B  I  N
N  I  V  C  O  G  E  I  A  E  O  N  O  D  E
E  X  E  O  U  H  L  R  I  B  S  A  R  F  R
L  N  R  S  I  X  E  P  G  K  M  O  A  E  E
E  U  T  X  M  E  L  A  S  M  C  T  V  E  E
H  A  N  S  F  A  E  L  A  N  N  O  A  H  O
E  S  I  O  B  E  U  E  O  A  D  C  E  I  D
A  P  S  P  A  A  K  C  S  J  U  N  E  A  U
```

ALBANY	JACKSON
AUGUSTA	JUNEAU
AUSTIN	LINCOLN
BOISE	PHOENIX
BOSTON	PIERRE
CONCORD	RALEIGH
DENVER	SALEM
DOVER	SANTA FE
HELENA	TOPEKA

Word Search 70
Novelists

I	C	S	U	F	L	O	O	W	P	T	D	N	A	R
R	I	N	I	B	S	D	R	D	S	E	A	R	A	A
A	E	F	I	M	E	W	K	U	D	S	R	B	S	H
W	R	F	E	Y	A	E	O	S	A	K	N	A	M	T
N	O	C	S	A	S	R	A	D	T	G	O	R	A	O
L	A	S	H	S	P	S	O	R	O	I	C	K	N	B
L	H	N	E	E	A	T	S	O	A	Y	D	E	A	L
E	U	I	U	G	R	O	A	E	L	U	L	R	S	S
W	N	P	T	H	R	L	A	R	G	H	I	E	D	O
R	N	O	I	G	O	K	A	S	A	R	T	B	I	H
O	L	H	B	U	T	I	A	O	J	U	U	A	Y	H
D	R	C	S	A	D	E	Y	O	S	C	S	B	L	B
A	C	H	E	W	A	N	Y	W	H	A	H	T	Y	P
O	R	S	N	Y	R	C	L	A	E	O	N	H	E	S
P	S	R	S	M	E	S	N	Y	D	R	A	H	S	N

AMIS
ARCHER
AUSTEN
BARKER
BUCHAN
BURGESS
CHOPIN
CONRAD
DOYLE

HARDY
JOYCE
NESBIT
ORWELL
PLATH
PROUST
TOLKIEN
WAUGH
WOOLF

Word Search 71
The World of King Arthur

```
S O V A L C B A N I A W A G I
E L L O N N I E S A L E N Q L
L G H I D C L G D E E H T M E
T H T S A Y A E R I S D U A G
S G O Q H M L M G A V R I V A
A L L O A L N G E E I E O V T
C R E A C L N I C L N N R H N
E Q C S Y I T I A E O D E E I
L U N A R A L E L H Y T S A T
G E A I L R E E I R C E U A N
I S L I A G G U I N E V E R E
L T E L V Y G N C O A M L G S
D S E E I L A R R E A T O I I
A N A T H O I O E N O L A V A
S A E E C H E C E O C I G A M
```

AVALON	HOLY GRAIL
BEDIVERE	HORSES
CAMELOT	IGRAINE
CASTLES	LANCELOT
CHAIN MAIL	LEGEND
CHIVALRY	MAGIC
GAWAIN	MERLIN
GILDAS	QUESTS
GUINEVERE	TINTAGEL

Word Search 72

Dances

```
F O X T R O T S A M A B M A S
A B R R T N A B T E M T E R E
B T S I W T B O A R N G C U L
C T B A N Y E N A C N A C N B
A Y O E S A L O A R G N A H B
U W L A O E B L L L E A I A L
E A E S S M S L E N A H N O K
L L R C A T H H A B S E I A I
I T O M A A F E B I R A E A F
M Z E N N B R A R A L R A N L
B S G A O A L I C U B B A L E
O O M M O L B A A B D I S C O
E T O E B A M M B A L L E T T
R C A L Y P S O U Y I T O B N
T O O L B A A G T R M E I C S
```

BALLET	IRISH
BELLY	LIMBO
BHANGRA	MACARENA
BOLERO	MAMBO
BREAK	RUMBA
CALYPSO	SAMBA
CANCAN	TANGO
DISCO	TWIST
FOXTROT	WALTZ

Word Search 73
Fictional Rodents

```
M N M R E P I H C E A B I L S
A R E N D E N E N S F N L P B
L S J P O T N O J E P D T L J
R P E I E N T A C N A I B E M
O L N L N E R B E L I A R R E
B I E R L G E E E R O R R E P
L N R P B R L E G K Y T O E E
N T M O N E C E Y L H H R P N
P E P A J U R T S T A N I I F
T R R C L G T Y K N I P P C O
R D O E L A Y R I P R E D H L
L E U R R J N A S L E Y N E D
F M M L E S U O M R O D P E O
N E O Y P E G E B A S I L P E
I L O N I A R B E H T N B R C
```

ALGERNON	PENFOLD
BASIL	PINKY
BERNARD	RATTY
BIANCA	REEPICHEEP
CHIP	REMY
DALE	RIPRED
DORMOUSE	SPLINTER
JERRY	TEMPLETON
MR JINGLES	THE BRAIN

Word Search 74
Large Fish

```
W D K B O N E F I S H H K P H
S Y A R B O W F I N S K R A T
H G A N A S S K S I H A A D I
F S G R E H A A F I N W H D G
S R I I A L S N W G I S S L E
L A U F U T U G E F A A E E R
E E H G T S N L N W I H L F S
E H A S N A S A S I S S A I H
Y T W A I H C H M I K E H S A
A H E H A F A S F F U S W H R
R C O R T R G R L F E R A G K
O E K D K T A O H E H E A B S
M S A Y E O N I D T W G R H C
G I A N T D E V I L R A Y H Y
P F L R S L A N C E T F I S H
```

ANGEL SHARKS
BASKING SHARK
BONEFISH
BOWFIN
DOGFISH
GIANT DEVIL RAY
KALUGA
LANCETFISH
MORAY EELS

OARFISH
OCEAN SUNFISH
PADDLEFISH
REEF MANTA RAY
SAWFISH
SAWSHARK
TIGER SHARK
WELS CATFISH
WHALE SHARK

Word Search 75
Greek Tragedy Characters

```
A E D E M I L E V A G A S J S
M E E A E R D S A E L U L S D
A A U U R S H A E M O N U Y I
A A O O A B U C E H R L A N O
R S T E M U O D E O C E E O N
T E E E T A E R R O D L R E Y
C S S N M S A E E A E A E D S
E T M E U G S T S H L T C I U
L O E E T T E S E C L S U P S
E E D N E R E D E U D A E U T
E Y A S E M E L L E S C T S Y
T E R E C M E A I D A O A C E
E S T E V E S U L E O J J S T
N E T E E J U I C E T T A E E
D E M S E E S C R E O N X N A
```

AGAVE
AJAX
CREON
DIONYSUS
ELECTRA
ETEOCLUS
HAEMON
HECUBA
HELEN

ISMENE
JOCASTA
LAERTES
MEDEA
OEDIPUS
ORESTES
TECMESSA
TEUCER
TYDEUS

Word Search 76
Get a Move On

S	H	H	M	O	E	U	O	D	D	G	M	T	S	O
E	A	O	A	R	F	R	S	L	R	O	R	P	A	O
H	S	O	R	R	U	E	C	A	T	J	O	A	L	J
U	T	G	T	U	A	A	C	T	C	C	T	S	S	O
T	E	T	C	S	S	E	R	O	O	A	S	S	C	O
S	N	S	O	T	O	H	T	R	R	R	O	R	O	R
D	T	F	D	R	E	R	A	E	O	E	E	C	O	E
C	E	T	U	R	T	F	S	H	L	E	D	P	T	E
J	O	N	R	R	C	C	S	T	O	R	R	T	R	P
D	Y	S	A	A	A	R	R	D	F	L	E	E	A	A
E	R	A	R	P	D	T	N	E	D	O	S	Y	U	E
H	R	R	E	R	R	R	E	B	S	E	A	T	O	E
S	U	T	A	S	T	N	P	G	R	M	E	G	H	L
A	H	L	H	P	O	L	L	A	G	R	N	P	H	E
D	Y	A	G	A	L	G	L	T	L	O	B	R	S	A

BOLT
CAREER
DART
DASH
ESCAPE
FLEE
GALLOP
HASTEN
HURRY

JOG
RACE
RUN
RUSH
SCOOT
SPEED
STORM
TEAR
TROT

Word Search 77
Coffee Break

E	G	I	F	T	I	I	A	E	H	O	E	R	I	M
A	H	C	T	A	N	O	T	N	M	H	L	E	E	O
M	O	C	O	R	T	A	D	O	N	A	B	G	S	S
O	I	P	P	O	D	I	H	N	E	E	N	R	K	E
E	K	M	O	C	H	A	T	S	O	A	I	L	T	E
S	C	O	L	D	B	R	E	W	L	B	I	V	M	O
P	O	P	B	C	I	T	R	E	T	M	N	I	O	T
R	I	H	D	R	T	T	M	E	H	H	R	O	U	A
E	H	A	T	E	U	H	T	N	T	I	S	I	B	I
S	E	N	T	M	R	I	A	W	S	L	N	O	M	H
S	I	T	A	A	K	C	A	H	R	S	I	C	O	C
O	A	I	O	B	I	E	T	D	T	A	C	F	I	C
L	M	L	A	O	S	D	A	A	F	A	L	E	A	A
I	M	E	E	V	H	B	N	R	C	E	I	E	A	M
E	C	H	C	T	B	T	R	U	E	U	Q	I	L	P

BONBON
COLD BREW
CORTADO
CREMA
DOPPIO
ESPRESSO
FILTER
ICED
INSTANT

IRISH
LATTE
LIQUEUR
MACCHIATO
MELANGE
MILK
MOCHA
TURKISH
VIENNA

Word Search 78

Investigators

```
R  L  O  S  J  E  E  O  N  A  T  E  P  W  O
N  E  N  R  E  E  C  V  R  W  T  N  N  E  A
O  T  A  T  E  C  V  E  I  R  O  N  A  U  S
T  V  R  P  T  H  R  I  P  T  E  D  L  L  T
R  N  I  O  T  A  C  E  T  E  C  P  A  E  P
E  K  E  T  T  R  W  T  T  A  L  E  P  H  P
K  C  Y  A  T  A  A  K  A  A  R  K  T  O  S
N  O  E  I  R  H  G  C  C  G  E  C  E  C
I  L  E  L  T  S  V  I  K  E  F  E  P  A  D
P  R  T  L  C  L  Y  H  T  E  A  E  N  O  J
O  E  A  S  R  P  R  N  T  S  R  C  I  T  L
E  H  V  K  S  E  I  C  O  T  E  I  N  H  L
E  S  I  S  L  E  U  T  H  T  R  V  K  N  T
V  A  R  E  B  L  O  O  D  H  O  U  N  D  E
Y  A  P  F  C  O  N  S  T  A  B  L  E  I  T
```

BLOODHOUND	PRIVATE EYE
CONSTABLE	SECRET AGENT
COPPER	SHADOW
DETECTIVE	SHERLOCK
INVESTIGATOR	SLEUTH
JACK	SPY
OPERATIVE	TAIL
PINKERTON	THIEF-CATCHER
PLANT	TRACKER

Word Search 79
Parts of a Flower

E	L	U	V	O	M	E	L	R	E	R	A	I	P	A
E	T	E	P	E	X	L	R	S	L	K	E	P	A	G
X	M	Y	C	T	K	T	S	T	O	L	E	L	L	P
E	A	R	L	U	Y	U	S	E	L	A	X	E	E	K
L	M	A	C	X	R	P	Y	T	S	T	C	K	M	U
L	G	V	P	O	I	M	O	E	A	S	M	E	Y	K
Y	I	O	T	E	O	D	M	L	C	M	E	E	C	U
L	T	L	R	A	T	E	A	M	E	A	E	G	X	M
X	S	S	M	L	C	A	S	P	A	P	L	N	O	B
T	S	A	L	A	I	T	L	C	S	U	R	Y	S	E
P	N	C	R	E	Y	T	A	R	O	L	L	A	X	L
E	G	A	P	L	N	E	S	T	R	R	A	Y	C	Y
O	L	A	E	A	E	Y	S	I	A	S	Y	P	A	R
A	Y	G	T	Y	I	L	P	T	P	A	T	M	E	S
A	S	E	E	T	U	M	I	S	P	I	K	E	B	S

CALYX	SEPAL
CARPEL	SPADIX
CORYMB	SPIKE
CYME	STALK
OVARY	STAMEN
OVULE	STIGMA
PETAL	STYLE
PISTIL	TORUS
RACEME	UMBEL

Word Search 80
Space Exploration

A	H	D	A	G	N	I	D	N	A	L	D	M	S	C
O	E	U	O	L	K	N	E	S	S	U	E	L	C	N
S	E	T	O	O	F	D	A	U	S	H	A	D	U	K
I	F	U	E	L	F	N	D	N	O	U	R	O	E	E
U	U	B	N	M	G	D	D	C	N	O	D	C	T	A
P	H	I	N	X	O	E	E	C	L	K	G	K	U	T
F	R	A	N	E	S	F	H	I	N	E	O	I	H	N
R	L	O	R	C	F	F	R	T	R	M	X	N	C	U
O	O	M	E	O	F	O	R	E	N	D	Y	G	A	S
M	R	N	T	D	E	T	S	O	F	S	G	A	R	E
L	T	N	I	E	O	S	T	A	C	D	E	A	A	H
S	E	S	P	R	O	A	I	A	U	K	N	O	P	T
D	R	U	U	O	D	L	B	H	S	A	E	O	N	S
E	U	A	J	C	M	B	R	E	I	E	L	T	R	I
A	R	H	M	Y	R	O	O	C	E	A	R	T	H	C

BLAST OFF
DESCENT
DOCKING
DRIED FOOD
EARTH
ESA
FUEL
JUPITER
LANDING

LAUNCH
MARS
MOON
NASA
ORBIT
OXYGEN
PARACHUTE
ROCKET
THE SUN

Word Search 81

Time to Learn

P	E	I	A	R	R	U	S	L	S	E	R	E	O	C
T	D	R	E	D	E	A	O	W	P	U	A	E	U	U
E	A	A	W	A	A	S	L	T	O	U	R	I	R	V
H	V	R	Y	O	E	E	E	E	C	T	E	V	D	C
G	P	E	E	E	R	C	R	A	W	R	R	N	E	M
E	U	L	L	N	U	K	B	D	R	E	A	R	O	Y
E	P	E	W	E	I	L	E	T	A	C	U	D	E	B
S	U	A	D	R	V	M	R	M	R	E	H	P	Y	E
E	G	R	C	E	R	A	A	N	V	V	O	S	E	T
R	U	N	C	D	E	A	T	X	E	R	E	S	N	R
M	M	E	E	I	C	T	A	E	E	S	I	R	E	A
U	A	T	A	F	E	S	I	O	U	V	I	C	W	I
O	O	C	R	Y	O	S	V	R	E	S	E	R	E	N
A	N	A	C	S	U	E	E	R	E	E	A	A	R	V
A	E	P	E	V	R	P	I	E	D	S	P	M	N	R

BONE UP
CRAM
EDIFY
EDUCATE
ELEVATE
EXAMINE
LEARN
MUG UP
PERUSE

PORE OVER
READ
RESEARCH
REVISE
SCAN
SURVEY
SWOT
TRAIN
WORK

Word Search 82
Types of School

```
E  H  E  P  A  H  I  P  J  R  A  A  U  H  R
E  D  R  I  T  P  S  R  T  R  H  I  G  H  E
I  G  E  T  U  M  T  S  O  S  A  R  O  E  M
W  A  W  U  E  H  R  I  M  E  A  M  C  R  M
H  B  O  T  A  I  N  A  I  D  O  A  C  L  U
T  U  L  T  F  U  I  P  D  U  R  H  U  E  S
P  L  M  H  J  M  M  E  D  P  T  A  R  M  I
E  P  M  G  H  M  R  I  L  U  H  A  M  M  I
R  I  J  I  I  E  N  P  E  B  R  U  T  A  E
P  P  R  N  D  F  D  R  N  L  S  P  R  E  L
E  G  P  T  A  A  D  A  N  I  T  P  A  Y  E
U  H  A  N  L  E  Y  W  R  C  A  E  D  C  F
M  J  T  I  X  S  E  E  P  G  T  R  E  M  L
I  A  D  I  M  R  O  F  E  R  E  E  R  X  R
S  D  M  N  T  M  T  N  R  F  T  S  P  E  N
```

DAY	MIXED
DRAMA	NIGHT
FIRST	PREP
GRADE	PUBLIC
HIGH	REFORM
INFANT	STATE
JUNIOR	SUMMER
LOWER	TRADE
MIDDLE	UPPER

Word Search 83
Chemistry Terms

```
R R A T S I A B A D I U Q I L
B M L D K O O A O F P A L A L
R A R A M O L S Q N B A S E D
M T L T R O O I S L D D L A L
D T B U A M T D D L C O B L L
T E D C D F E A P P M N U I I
A R T I A L K A L I S S S I S
S M M A S S S I N M L S A B O
I L M A I S D F D O U E G T M
T T A R R E F F U B T M I F E
R R O S M A A C I D L O I M R
O B I F A U P R C I M C R O L
I I S E S L D D P I U D E P N
E S E I M E T I I F O S R L M
S F S R D L D D L N D S R B L
```

ACID	ISOMER
ALKALI	LIPID
ATOM	LIQUID
BASE	MASS
BOND	MATTER
BUFFER	MOLE
CELL	PROTON
GAS	SALT
ION	SOLID

Word Search 84
Yoga Class

```
T E S I C R E X E B E E T T E
S E C M R C T E E A K C O L B
R E S C N E I L C F O C U S H
T E N O X E T O E N T E I C B
M A T E P C A A P V A R A L A
E S T L V T S O W H T L A A I
S E T N M I S P N S I C A A E
V W L A E T N R R S R C N B S
R R M R U M X Y T E K S A E Y
S E T R E O E R A M S N M T A
T H E T E T E V A S N C A B A
T C R C E T S N O E A S S O N
A A S Y C T O L S M S T T A A
T E E H O S H T O H T C E R S
A T F O E U M C I B M L Y R A
```

ASANA
BALANCE
BELT
BLOCK
BOLSTER
EXERCISE
FOCUS
MAT
MOVEMENT

NAMASTE
OHM
POSE
POSTURE
SANSKRIT
STRETCH
TEACHER
VINYASA
WATER

Word Search 85

Garden Lawn

A	O	S	M	S	O	I	L	R	E	O	O	E	A	E
C	E	R	R	S	C	S	S	L	Y	E	F	E	N	R
C	O	O	F	T	E	E	F	E	R	R	R	F	L	Y
T	S	L	W	I	S	R	O	O	U	A	A	E	T	E
I	N	L	S	O	O	T	L	T	T	C	Y	I	A	G
L	O	I	C	U	D	Y	F	I	R	A	C	S	Y	R
G	A	N	R	S	E	A	O	I	C	D	M	S	C	A
D	S	G	A	H	U	N	E	U	R	H	H	S	M	S
B	H	U	S	H	C	E	S	M	F	S	E	M	A	S
U	F	C	O	E	S	R	S	S	O	U	O	N	W	A
A	U	G	T	F	E	S	C	B	M	H	N	E	N	A
U	F	G	S	A	F	D	E	C	E	O	E	G	F	A
R	Y	U	O	T	H	N	S	C	R	D	S	I	U	A
R	T	I	I	M	T	T	I	C	S	S	I	S	A	S
S	E	G	N	I	W	O	M	R	S	O	L	O	A	M

AERATION
BENT
DAISIES
FESCUE
FUNGUS
LICHEN
LOAM
MEADOW
MOSS

MOWING
ROLLING
RYEGRASS
SCARIFY
SEEDS
SOIL
THATCH
TURF
WEEDS

Word Search 86
Provinces of Argentina

```
N S N C R M E N D O Z A A S E
T A S H L H L A P A M P A E O
U N E U A U O E S R U E Z N N
C L O B E O F O A R S A Z O M
U U A U A A M S N E Z E Y I M
M I A T T R J A A U S N R S T
A S A N O E O S R T Z T L I O
N A A F U H A C N E T R A M R
S S Z S O J A E N I F E B N G
A R T C O T U O A J O R O P E
U O A I N Q C A U T Y I D E N
N H R A U R I J J O O O R L O
C A S E T E U D N S A S O I I
L A N I R Y Y O A N E C C A R
A T L A S C U H S A A A R A L
```

CHACO	MISIONES
CHUBUT	NEUQUEN
CORDOBA	RIO NEGRO
ENTRE RIOS	SALTA
FORMOSA	SAN JUAN
JUJUY	SAN LUIS
LA PAMPA	SANTA CRUZ
LA RIOJA	SANTA FE
MENDOZA	TUCUMAN

Word Search 87
Terms of Endearment

G	B	E	L	B	A	I	M	A	Y	E	L	A	I	E
N	L	N	N	V	E	M	O	S	N	I	W	P	N	I
I	G	P	E	G	K	R	A	E	D	I	O	G	I	L
M	S	T	E	E	A	T	E	N	D	E	R	E	L	G
R	R	P	D	D	I	G	D	I	N	A	I	N	I	N
A	D	I	L	S	U	O	I	C	E	R	P	E	K	I
H	A	L	N	E	I	S	L	N	R	Y	G	I	E	L
C	E	D	L	Y	A	C	G	O	G	L	E	O	A	R
A	P	I	O	A	T	S	U	N	V	E	A	E	B	A
L	L	K	V	R	A	T	I	T	I	E	S	L	L	D
C	P	I	A	N	A	G	E	N	E	N	L	B	E	W
W	I	N	B	N	N	B	I	R	G	Y	N	Y	G	R
E	T	D	L	D	E	R	L	N	P	M	E	I	N	S
U	B	N	E	I	N	S	A	E	E	N	A	A	W	E
B	L	I	W	E	T	T	N	A	S	A	E	L	P	C

ADORABLE
AMIABLE
CHARMING
CUTE
DARLING
DEAR
ENGAGING
KIND
LIKEABLE

LOVABLE
LOVELY
PLEASANT
PLEASING
PRECIOUS
PRETTY
TENDER
WINNING
WINSOME

Word Search 88
Mexican States

```
M E A H H O Y R R C N S B O U
U O H A A M A R E L C O C G R
E I N C A S O X O C U N A N A
J L A D E O L R A D E O D A L
C A O L E P L C E C N R A R I
R E L A A S M A A L A A V U U
R T G I A C H A N B O R E D H
A A A U S I X R C I A S R N A
M B N H E C C A U A S A A A O
I A A I E R O T L G A Z C Y C
L S T D A S R A E T A Y R A C
O C A A A L B E U P N T U R C
C O C L A Y S A R A S R Z I Z
Y O U G R H A M H O O U A T E
X B Y O C H I A P A S R I G C
```

CAMPECHE
CHIAPAS
COAHUILA
COLIMA
DURANGO
GUERRERO
HIDALGO
JALISCO
MORELOS

NAYARIT
OAXACA
PUEBLA
SINALOA
SONORA
TABASCO
TLAXCALA
VERACRUZ
YUCATAN

Word Search 89
Parts of a Castle

```
C D O N J O N O N L N R W D A
T D B N M E N R T E T E A A I
C H A P E L H U B E W M B P B
U O I C T A K O E K P A O C E
O E L O O U O E C R R A R Y E
R M E D M M R R E T O E R E E
I A Y E O E O R I P N I A A B
N R N U H E R Z E E J Z R A P
L T N C K E A L L T T E S L B
T D T N Z N A E O E A T L N T
T I P B N E I L T N I N O H N
D O R E W O T T B O S M M M A
T R A M P A R T N S A A E E M
P M E E T T A O M R O R A L W
O F O S S E N O E G N U D K O
```

BAILEY
BARTIZAN
BASTION
CHAPEL
CRENEL
DITCH
DONJON
DUNGEON
FOSSE

KEEP
MERLON
MOAT
MOTTE
MOUND
PARAPET
RAMPART
TOWER
TURRET

Word Search 90
Poets

```
E A L B S N Y L A E S S N B N
I M M D N E O N G A S T R E N
E A T I T H L O B R H T A N E
G E L F L R R Y D O D T A M O
A R B N O T R U M L D K E E O
T E A N U O O A K O U R R O Y
L K E V N E S N N B S M E S E
E O T L E M H N H O S G D B O
A O L R M S E E N N R A U U B
R R R A E T F E S E O I O R S
O B O I R B N N E L O T F N E
S T A E K K R N H E O O R S H
B L A K E U I E U R T E O E G
S D E S Y E S N H D R O S S U
N N N N T R N H B B B A T N H
```

BLAKE
BROOKE
BURNS
BYRON
DONNE
DUNN
EMERSON
FROST
GRAVES

HERBERT
HUGHES
KEATS
LARKIN
LEAR
MILTON
MULDOON
THOMAS
YEATS

Word Search 91
Adventurer's Kitbag

```
E E A F R C O W E O C W I D T
K F M L R E R H E O A M C N T
C E C A C T H P S T P O E E T
O F L S L P O C E S H T N T O
L N F K H C T R R E A M N P W
B H P O S H C L S P L P F H E
N T N E R A L F P E A K M O L
U E L W P S R N O N A S G O A
S E E E H E S A T K R P O F C
T F U A P A L A C N S L N E S
T O R C H W M N O I F H O F R
W H I S T L E M T F S H P A M
F O O D L I I P O E R D T O M
L R O P E E U P H C E A O F S
S T S N L C S N H P K S G N A
```

COMPASS
CUP
FLARE
FLASK
FOOD
GPS
HAMMOCK
MAP
PENKNIFE

PHONE
ROPE
SUNBLOCK
TELESCOPE
TENT
TORCH
TOWEL
WATER
WHISTLE

Word Search 92
US States

```
A I I V I K A N O Z I R A D H
A K A D R L R M N O I G A H A
A N A N A E M N S O F A A K W
L H E S A I E E O L I R A A A
O E K I H I N A O G H U R N I
W A S N E I D R T A E I A S I
A L D S A A I N T S O R A A R
I H O M T D M U I W I A O S M
G I O D A A I V A M A B A L A
R Z A N A T N O M L T H N I E
O E U M O R A A V A B T L E V
E F O V E R M O N T O R O W L
G B M A S N N B O X K A O R M
N E V A D A M G S S A X E T A
A O H I O R E A U A V T A O T
```

ALABAMA   KANSAS
ALASKA   MAINE
ARIZONA   MONTANA
FLORIDA   NEVADA
GEORGIA   OHIO
HAWAII   OREGON
IDAHO   TEXAS
INDIANA   UTAH
IOWA   VERMONT

Word Search 93
Got it Right

```
I  T  C  R  N  E  A  A  T  U  U  I  D  S  F
R  A  C  C  U  R  A  T  E  R  L  L  A  A  S
B  E  D  E  S  S  S  U  E  A  U  I  R  T
R  T  B  L  T  I  D  F  C  L  R  R  I  I  I
F  N  I  R  L  N  N  O  A  O  E  E  R  G  T
C  A  I  C  U  O  R  U  T  C  T  S  R  H  C
S  C  R  O  G  R  T  D  T  A  I  I  L  T  A
T  R  S  N  E  C  O  U  R  N  L  C  I  I  X
R  U  A  C  A  R  N  P  R  T  L  E  C  S  E
F  B  T  P  U  L  U  F  H  T  U  R  T  R  D
E  U  R  F  C  S  U  P  E  R  B  P  E  I  U
U  F  B  L  E  T  U  D  I  C  L  A  L  R  S
R  F  L  A  W  L  E  S  S  T  L  A  B  T  T
T  A  C  H  P  F  C  T  S  W  V  X  F  R
H  I  T  E  T  C  E  F  R  E  P  R  R  U  R
```

ACCURATE	PRECISE
ACTUAL	REAL
BANG ON	RIGHT
CORRECT	SOUND
EXACT	STRICT
FAIR	SUPERB
FLAWLESS	TRUE
LITERAL	TRUTHFUL
PERFECT	VALID

Word Search 94

Facing Justice

D	I	Y	Y	P	O	F	F	I	A	L	Y	T	U	C
P	I	G	L	L	I	I	F	J	C	S	F	R	Y	I
J	R	E	Y	W	A	L	Y	I	S	A	D	U	T	B
U	E	L	L	E	C	R	H	A	L	L	O	O	L	N
L	I	T	L	E	E	G	R	E	P	I	C	C	I	Y
Y	T	L	E	L	A	J	A	L	C	S	A	E	U	Y
U	E	N	L	V	T	T	A	D	D	I	L	B	G	N
S	E	A	O	E	E	I	A	I	A	U	T	C	L	J
L	G	A	P	S	S	R	L	C	L	L	Y	S	N	I
T	G	D	J	H	I	A	D	L	L	L	N	O	U	O
R	T	A	C	T	E	R	E	I	A	R	I	R	Y	J
A	A	N	E	P	J	V	P	I	C	T	T	U	Y	U
R	E	T	P	L	T	U	R	A	U	T	I	E	A	F
B	N	A	I	L	P	T	R	A	A	P	W	L	E	Y
U	R	E	G	D	U	J	C	Y	L	E	N	I	F	D

APPEAL
BAILIFF
BENCH
CAUTION
CELL
COURT
FINE
GALLERY
GUILTY

JAIL
JUDGE
JURY
JUSTICE
LAWYER
PLEA
PRISON
TRIAL
VERDICT

Word Search 95
Buddhist Meditation

```
A I U I N O N D H Y A N A N A
S T A A I I A C A I R E A H V
A M G H R M H S E R E N I T Y
H I A V A A E A S V V E D H N
S Z A N N I S A E Z T T H N T
H N T T Z Y M D A K H A A H H
A R I M D A A Z W N N Y R H G
A N I I T N E S A A M I M D I
G H U H A N N T K N S R A T S
N H A O K I Y S E N A I T N N
N N H O T M K E N A M V A I I
T H A D U A C M I A A I M H D
N N D D R D U S N N D A N N V
D D I T A S A H G T H A G I T
T T H I K A S I N A I A I K A
```

AWAKENING	MANTRA
CHANTING	NIRVANA
DHARMA	SAMADHI
DHYANA	SAMATHA
HUA TOU	SATI
INSIGHT	SERENITY
KASINA	VEDANA
KINHIN	VIRIYA
KOAN	ZAZEN

Word Search 96
Sculptors

E	L	D	M	C	S	R	E	T	U	L	S	U	O	G
S	P	L	M	M	R	D	Y	J	V	A	U	R	I	I
I	J	T	G	R	A	C	I	S	N	E	R	U	A	L
R	L	I	I	V	E	I	N	H	I	L	B	N	U	H
R	D	I	I	L	A	O	E	R	I	E	I	L	T	A
O	G	N	L	L	I	P	L	A	R	I	I	I	Z	N
M	C	I	E	N	W	S	L	N	I	J	N	R	O	M
I	N	T	I	O	N	G	I	R	U	G	L	V	N	N
I	I	R	R	U	R	N	G	D	U	S	A	L	A	T
R	A	T	I	E	I	N	D	E	C	O	G	J	S	N
M	H	M	R	L	O	T	L	M	A	I	E	O	I	I
M	N	O	P	N	U	Y	A	D	R	N	S	S	P	T
E	O	A	V	O	N	A	C	O	O	S	R	E	O	L
M	M	L	P	N	I	M	N	M	A	R	T	I	N	I
I	D	Z	T	I	H	C	P	I	L	I	I	O	E	I

BERNINI
CANOVA
CARO
CELLINI
DA VINCI
GILL
HEPWORTH
JUDD
LAURENS

LIPCHITZ
MARINI
MARTINI
MOORE
MORRIS
PISANO
SEGAL
SLUTER
TINGUELY

Word Search 97
Dahlia Cultivars

```
S N O T S U H N E L L E N F E
E M D L N U I T D E T E K A B
M A A D L R I O N T A H C S E
A R V L N A N D R D A A J C M
R O I O L S B H B K A A R I R
L B D E R W O Y I J L H A N S
E A H V H N O T R D W Y A A E
N R O E K C A R E R P E R T I
E O W A N N A C L J A J H I L
J B A A R I J P A D D B O O E
O L R A O O L L A E R A R N E
Y N D E K E R I F N O O M A N
O E M E N U L E D R I A L C B
R A R N O L T I O V F O A N E
C L R E P I N K G I R A F F E
```

AKITA
APACHE
BARBARRY BALL
BORA BORA
CAMEO
CHAT NOIR
CLAIR DE LUNE
DAVID HOWARD
ELLEN HUSTON

FASCINATION
HONKA
JALDEC JOKER
MARLENE JOY
MOONFIRE
MRS EILEEN
NUIT D'ETE
PINK GIRAFFE
SMALL WORLD

Word Search 98
Peaceful Places

```
S  Y  L  T  Y  Y  F  S  H  C  G  E  A  L  Y
E  G  Y  M  L  U  L  C  O  C  Q  Y  M  T  N
M  U  U  R  M  D  R  K  N  A  E  A  T  C  O
B  M  G  O  B  U  A  O  E  T  U  M  N  R  C
C  T  M  O  H  E  C  N  D  H  Q  E  E  O  L
R  O  R  C  G  A  C  E  R  E  S  K  M  F  A
Y  Y  U  A  E  A  E  S  A  D  O  A  T  A  B
E  R  A  R  M  E  N  H  G  R  M  L  O  A  L
N  E  B  A  T  R  L  Y  A  A  E  O  L  R  D
U  T  M  E  P  Y  E  P  S  L  B  T  L  E  Y
D  S  O  O  D  S  A  N  M  K  T  O  A  O  S
L  A  M  D  H  R  E  R  I  E  O  B  K  O  A
C  N  T  E  U  C  O  T  D  R  T  S  O  L  A
G  O  C  A  F  E  A  O  M  C  H  C  E  A  P
R  M  H  K  R  A  P  C  M  L  Y  S  T  M  T
```

ALLOTMENT	HOME
BALCONY	LAKE
BEDROOM	MONASTERY
BOAT	MOSQUE
CAFE	PARK
CATHEDRAL	SHRINE
CHURCH	SPA
COURTYARD	SYNAGOGUE
GARDEN	TEMPLE

Word Search 99
Brain Work

```
A N F E E I A E E C F R J E N
I E D U M S S V U M O E O R P
C C E E L E A R N E R C L O V
U E O E S L O E D F G A S E E
L E P N U G T A E I E L O R I
S L R A F U L O D M T L L E R
F T T I L U I Z U A U P V G E
S E L D N E S E C G S R E C F
M C E L E S E E E I E O S O L
I I D Z S D P S G N O V N E E
C R E E I U I I E E M O K N C
E R O G U L C C R R C K N U T
A I C U D G A O E E O E I E O
F G C C G U F E F D E F H F O
E M U S S A J E R E R O T C E
```

ASSUME	INSPIRE
CONFUSE	JUDGE
DECIDE	LEARN
DEDUCE	PROVOKE
EVALUATE	REALIZE
FOCUS	RECALL
FORESEE	REFLECT
FORGET	SOLVE
IMAGINE	THINK

Word Search 100
Skirts

E	N	P	P	T	U	T	I	N	G	G	A	T	E	H
L	H	E	S	S	A	R	G	L	D	N	G	E	A	T
D	P	N	O	A	I	T	I	A	H	N	H	R	R	A
R	N	C	P	H	A	P	S	T	R	A	H	A	E	N
O	R	I	P	A	E	M	E	E	E	A	R	A	L	F
D	E	L	L	N	R	U	D	P	R	L	E	E	A	U
L	I	N	H	I	L	E	L	O	L	S	S	E	M	L
R	O	U	K	T	I	U	O	O	S	U	H	A	A	L
E	L	I	L	D	N	R	I	D	A	S	M	H	T	T
A	P	U	R	R	O	F	P	T	I	E	N	A	L	U
E	A	H	A	G	N	I	D	I	R	H	L	I	G	L
S	A	L	T	U	T	U	L	O	D	I	K	D	C	D
S	T	B	E	T	P	O	O	H	N	A	H	R	R	S
A	S	L	I	P	L	I	S	E	A	B	E	L	L	T
T	E	C	A	T	L	T	M	R	U	C	R	E	P	N

A-LINE
BELL
DIRNDL
FULL
GRASS
HAREM
HOOP
HULA
KILT

PAREO
PENCIL
PEPLUM
RAH-RAH
RIDING
TACE
TASLET
TASSE
TUTU

Word Search 101

Breeds of Pony

G	K	W	O	L	A	U	A	Y	I	T	L	U	H	B
D	H	R	R	A	D	R	E	R	G	E	C	A	L	A
R	G	E	U	A	B	R	L	O	E	L	A	E	A	L
X	L	A	L	A	I	D	B	E	E	U	O	Y	U	I
A	I	E	L	S	E	Y	R	I	C	R	D	C	K	R
Y	S	N	K	I	R	X	L	A	A	M	U	K	O	E
E	E	A	L	R	C	C	M	F	A	H	E	O	Q	A
M	Y	B	E	R	L	I	C	O	B	R	M	H	U	O
K	R	K	K	X	U	K	A	M	O	T	R	U	A	H
K	I	N	O	K	N	O	I	N	R	R	I	O	R	R
U	N	H	C	R	D	E	B	A	R	E	K	H	T	L
O	E	E	L	L	Y	U	D	R	L	E	R	N	E	L
I	L	E	D	O	T	U	S	A	B	U	E	D	R	L
H	S	L	E	W	N	L	K	E	L	H	A	R	Y	E
E	H	A	C	K	N	E	Y	L	E	C	Y	L	A	F

BALI	FELL
BASUTO	GALICIAN
COB	HACKNEY
DALES	HUCUL
DARTMOOR	KERRY BOG
DELI	KONIK
ERISKAY	LUNDY
EXMOOR	QUARTER
FAROE	WELSH

Word Search 102
Sports Equipment Brands

```
D R W L O M R S D W K U S W E
A I O P I U A D S O I S I O M
S C U N A A A O B I E L O R I
I R U M E S N E C W S W A A O
E R U X I D E R V O H D S E S
C P D C I R I O N S G R A Y S
N H S C O U L S A D I D A U G
I D O O L K H S I V I D M B S
R U K S L O C D E H U B A Y R
P N L S K N A A S R R N I E E
E L A A W O K F E O K N M J H
S O J N U I I U E E N A A S O
K P C C S L S K W O D R A I O
B U A S A C I S X E N O Y K K
A Y A P H N C K K N S S F H N
```

ADIDAS
ASICS
DUNLOP
FILA
GRAYS
HEAD
JAKO
K-SWISS
NIKE

PRINCE
PUMA
REEBOK
REUSCH
SONDICO
UMBRO
VOLKL
WILSON
YONEX

Word Search 103
Words of Spanish Origin

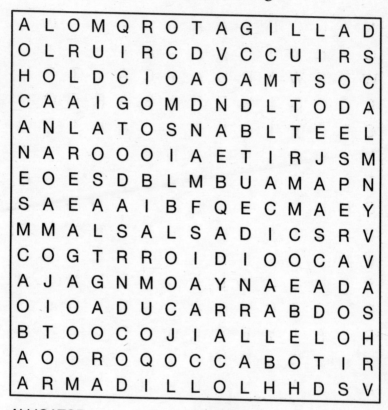

```
A L O M Q R O T A G I L L A D
O L R U I R C D V C C U I R S
H O L D C I O A O A M T S O C
C A A I G O M D N D L T O D A
A N L A T O S N A B L T E E L
N A R O O O I A E T I R J S M
E O E S D B L M B U A M A P N
S A E A A I B F Q E C M A E Y
M M A L S A L S A D I C S R V
C O G T R R O I D I O O C A V
A J A G N M O A Y N A E A D A
O I O A D U C A R R A B D O S
B T O O C O J I A L L E L O H
A O O R O Q O C C A B O T I R
A R M A D I L L O L H H D S V
```

ALLIGATOR
ARMADILLO
BARRACUDA
CANNIBAL
CIGAR
DESPERADO
EMBARGO
FLOTILLA
JUNTA

MATADOR
MOJITO
MOSQUITO
NACHO
RODEO
SALSA
SAVVY
TOBACCO
VAMOOSE

Word Search 104
Female Comedians

N	I	N	C	O	E	A	R	A	S	A	R	N	O	Y
O	E	S	Y	K	E	S	A	C	H	T	E	A	T	D
W	D	E	W	A	R	D	A	Y	C	A	Y	T	P	N
R	O	G	G	I	K	E	E	A	D	A	R	E	O	N
G	R	O	Y	I	G	F	O	L	L	A	B	T	L	W
K	Y	R	D	L	I	Z	I	C	P	E	L	E	E	A
B	A	D	E	D	R	W	K	N	S	O	N	H	A	R
O	N	N	D	G	H	V	E	A	N	A	S	Y	Y	W
R	H	E	T	A	A	N	E	G	L	O	P	S	E	A
N	E	S	Z	D	S	C	A	E	R	I	D	R	G	E
S	E	D	O	S	Y	L	D	N	I	D	N	Y	E	M
D	A	O	E	B	N	O	S	O	N	D	E	G	O	S
D	L	E	I	Y	E	S	F	A	B	O	E	A	H	S
H	A	D	D	I	S	H	R	E	A	T	A	M	A	Z
A	W	A	W	B	Y	B	L	F	R	E	N	C	H	Z

BEA
BRAND
FEY
FRENCH
GADSBY
HADDISH
HART
KALING
LONG

OSHO
PASCOE
RYAN
SYKES
VEE
WARD
WIIG
WOOD
ZAMATA

Word Search 105
Agricultural Equipment

```
I  S  P  A  D  E  T  O  E  E  A  A  S  T  V
R  I  A  A  K  T  R  A  R  L  E  A  P  I  L
K  C  O  T  T  A  M  E  R  L  A  S  L  Y  R
E  T  N  R  T  N  L  E  L  R  E  N  A  R  E
E  O  C  K  E  K  A  L  N  A  G  V  O  A  W
R  E  D  B  N  E  W  K  T  K  T  T  O  R  O
E  T  H  I  L  R  S  C  L  E  C  E  W  H  M
A  S  R  T  D  T  H  I  A  A  F  S  A  E  S
S  P  R  R  Y  S  O  S  R  O  T  O  S  S  T
S  W  I  E  I  C  P  T  O  K  K  H  R  R  W
I  L  R  A  E  K  S  E  L  K  A  I  A  K  N
L  E  R  O  T  A  G  I  R  R  I  I  L  R  S
R  T  E  N  O  D  L  O  R  K  L  P  H  A  D
L  R  R  E  L  A  B  O  T  E  R  L  O  O  T
H  A  W  E  H  I  W  A  R  H  C  O  M  M  E
```

BALER	SAW
DRILL	SCYTHE
FORK	SHOVEL
HARROW	SICKLE
HOE	SPADE
IRRIGATOR	SPRINKLER
MATTOCK	TANKER
MOWER	TRACTOR
RAKE	TRAILER

Word Search 106
At a Ceilidh

```
O  L  J  C  F  E  M  E  L  O  D  E  O  N  R
K  E  O  L  A  B  W  N  U  O  N  L  E  N  A
T  O  U  T  R  E  C  O  R  D  E  R  E  K  T
A  T  D  O  B  L  A  A  S  O  L  D  L  P  I
E  O  F  I  D  D  L  E  K  N  D  T  T  H  U
B  B  O  U  Z  O  U  K  I  L  B  R  S  O  G
Z  A  O  F  L  R  M  J  L  L  O  E  I  R  R
O  P  G  J  E  O  O  A  R  A  D  P  H  N  B
W  P  R  P  N  C  R  P  N  L  R  D  W  P  U
L  A  S  W  I  A  N  I  L  D  A  O  A  I  D
N  D  L  R  J  P  B  A  D  O  O  G  C  P  A
L  N  E  T  A  D  E  M  D  I  B  L  N  E  E
R  E  G  O  Z  O  O  S  U  T  Y  O  I  O  R
L  T  G  O  B  O  A  G  I  J  E  J  O  N  N
L  D  P  B  O  D  H  R  A  N  K  S  A  T  B
```

BAGPIPES
BANJO
BODHRAN
BOUZOUKI
FIDDLE
FLUTE
GUITAR
HORNPIPE
JIG

KEYBOARD
MANDOLIN
MELODEON
POLKA
RECORDER
REEL
SET DANCE
WALTZ
WHISTLE

Word Search 107
Gone Swimming

```
K F E B I K S V L R S O L P R
N B R S A E I K A D N O P S D
E U T O V C C O N P K G S L S
P T T A N T K E E R A P B I D
O T W O N T B S N O L U I F A
O E N R L A C A T A T S E E R
L R O E F E E R S R I K T G R
N F R T A C E H A D O A S U S
O L E A O P I I E W K K V A E
O Y V W P N D S N E L I E R E
D D I N G L T O A I A P E D S
L I R D P R D D N H K A E S N
E V C P O L I K E D E I V T L
E E P K K P E I I D R P B T I
T V E I K C P T B R K C F N I
```

BACKSTROKE	POND
BIKINI	POOL NOODLE
BUTTERFLY	RIVER
DIVE	SEA
FRONT CRAWL	SIDESTROKE
LAKE	SPLASHING
LANE	TAKE A DIP
LIFEGUARD	WATER
OCEAN	WAVES

Word Search 108

Feeling Positive

```
P H H E F O A I E R S S H E I
P O E C T F E V E O L Y D M A
B P D O B I I S O L C L L E S
N E D T G S N O D Y O A E E S
E F L S I E T I I L C O D F E
D U I C E F C L F F E E C C L
E L E O V O I I I E E O L O R
C D E M I R T R N O D H U N A
N M R P T N S Y E H A E F F E
I S U O I E I E D P I F R I F
V M C S S S M A P R C P E D C
N A E E O O I Y T S A E E E G
O S S D P A T O H R T H H N O
C O E U E V P V I L E R C T O
B O L D E E O E E O E C D I D
```

BOLD	DEFINITE
CALM	FEARLESS
CERTAIN	GOOD
CHEERFUL	HAPPY
COMPOSED	HARDY
CONFIDENT	HOPEFUL
CONVINCED	OPTIMISTIC
COOL	POSITIVE
DECISIVE	SECURE

Word Search 109
Cooking Utensils

```
V U N I T E K A C D A P P A K
W R R G T I R K T G E E U U U
R E H S A M O R N A R E E C D
P T N T A U K N K A F A E E W
N O A A C T O F S I L E T G W
N F P L E L W M N T E C R E R
E P E K E T E K K G A G R L R
E I R A P N A A K E S R L K W
U O C P B A N L V C E I E P I
F A F O E F R U P E N L E T A
A R W H E E L G F E R L E V L
R L L A T L L U G E P O A E
E O I S T O A E O U I A E A R
T K A E L D A L R M R N T T E
A B I W N O O P S N T L V T N
```

BASTER	KNIFE
BOWL	LADLE
CAKE TIN	MASHER
CLEAVER	MUG
CUP	PEELER
FORK	PLATE
FUNNEL	SIEVE
GRATER	SPOON
GRILL PAN	WOK

Word Search 110
Old Testament Books

```
E  S  J  X  J  H  S  E  H  E  R  A  A  N  A
I  U  G  E  O  O  G  E  M  M  U  S  H  I  E
E  H  U  H  B  S  N  U  I  U  N  T  S  U  A
O  A  M  A  J  E  I  R  C  H  R  D  U  L  M
S  N  A  N  O  A  K  H  A  A  A  O  D  J  O
J  O  G  M  S  N  N  G  H  N  R  J  O  O  J
R  J  I  N  H  G  E  N  I  N  H  A  X  E  O
O  U  I  A  U  B  H  E  J  R  H  I  E  L  S
S  L  T  S  A  R  L  J  C  S  S  E  H  J  A
T  R  S  H  A  M  L  E  U  M  A  S  U  I  E
R  J  E  A  S  I  H  J  N  D  M  A  H  S  E
L  O  S  H  R  O  A  H  E  N  G  E  Z  A  D
O  N  N  L  T  Z  M  H  J  H  A  E  H  U  U
N  U  I  A  E  S  E  A  M  S  U  S  S  S  O
S  M  L  A  S  P  E  T  D  U  U  T  A  J  X
```

AMOS	JONAH
DANIEL	JOSHUA
ESTHER	JUDGES
EXODUS	KINGS
EZRA	MICAH
HOSEA	NAHUM
ISAIAH	PSALMS
JOB	RUTH
JOEL	SAMUEL

Word Search 111
Sports Equipment

```
E S N U S E B R A S A U E L S
S G B P N T T T J A V E L I N
O E H U R D L E S G S N V V T
M K T K L E W T K W B H J E L
L R J A P C S U S C S A M H E
H I K E K O I N A S A L W L L
I E C A P S K T W K E R B N I
L L S L W P S I S H T O R B U
E J A U D D M D E E W K E N T
V O L H E T E T N P C L C T N
G E T I R S U A A S E V O L G
U G P U L T B D T G O A T L T
I C N C U E S P U C K I A A L
A K C M O P E A E N P L L A B
S S E T E E D I S C U S L W A
```

BALL	HURDLE
BAT	JAVELIN
CLUB	NET
CUE	PUCK
DISCUS	RACKET
ELBOW PADS	SKATES
GLOVES	SKIS
GOALPOST	SWIM TRUNKS
HELMET	TEE

Word Search 112
Satellites of Uranus and Neptune

```
R  J  D  I  M  C  A  A  I  N  A  T  I  T  M
O  I  P  N  N  I  A  O  R  G  N  O  I  M  N
S  E  A  R  A  M  D  L  N  A  E  I  T  L  T
I  A  R  T  I  G  N  E  L  L  R  N  A  T  A
J  N  R  A  A  M  A  I  C  A  E  R  I  D  A
U  G  I  A  D  N  R  R  S  T  I  O  E  C  A
L  E  E  A  S  I  I  A  P  E  D  A  N  A  I
I  N  H  T  L  S  M  E  N  A  I  A  E  N  S
E  C  O  O  U  E  I  R  A  I  I  O  K  T  U
T  A  A  P  B  N  I  R  L  B  P  R  I  A  E
T  I  I  L  H  E  O  R  A  U  N  S  A  A  T
N  E  S  T  I  E  R  T  B  L  N  T  E  D  O
I  A  N  E  R  B  L  O  I  M  I  C  A  D  R
E  P  K  O  C  O  A  I  N  R  U  E  L  P  P
E  P  U  C  K  L  P  N  A  B  T  E  R  I  N
```

ARIEL	NEREID
BIANCA	OBERON
CALIBAN	OPHELIA
DESPINA	PORTIA
GALATEA	PROTEUS
JULIET	PUCK
LARISSA	TITANIA
MIRANDA	TRITON
NAIAD	UMBRIEL

Word Search 113
Origami Models

```
N R C A I T E S S T A C R A B
A E S K T H S O N I E N K S C
L N L R A A U Y S I P T I R R
P P M E E E O L N U X A T N A
A L C O P W H E C A O E E A N
R O I E U H O C A R B E B R E
T D N C E S A L C U R N A L F
Y I E E N A E N F A A A S D R
H W E O U E L S T S T L E N N
A E T E C A P W W O S P U U E
T C T N N T D A I N A S N X H
I T B T A E L P P I P A O C T
N R E N N L E E R D P H F R W
D R H R E L H N A S I E O N C
N C T T S A A A I A N H S I F
```

CRAB
CRANE
CROSS
CUP
DINOSAUR
ELEPHANT
FISH
FLOWER
HOUSE

KITE BASE
LANTERN
MOUSE
PARTY HAT
PENCIL
PLANE
STAR BOX
TIE
WALLET

Word Search 114
Things that are White

Y	R	O	V	I	L	N	V	S	T	R	S	D	W	P
V	R	R	S	L	I	M	R	K	T	A	R	T	W	O
I	O	T	I	L	I	N	I	U	A	R	R	S	O	E
U	L	P	N	P	O	S	E	L	O	E	M	U	N	P
L	E	S	W	A	N	S	T	N	K	L	V	G	S	I
N	N	E	M	A	E	R	C	O	M	O	F	A	A	C
P	I	O	U	R	H	T	E	E	T	L	O	R	L	T
E	E	I	T	D	G	R	T	T	O	L	I	L	T	S
W	A	O	O	T	O	S	I	I	H	N	T	C	L	I
O	L	V	O	M	O	A	A	B	U	T	S	N	O	A
M	E	R	R	O	O	C	O	U	O	P	R	O	O	E
S	E	T	E	I	O	I	B	S	T	N	A	S	W	M
A	L	V	E	N	C	F	P	T	S	E	E	P	P	P
Y	O	A	T	E	F	E	C	R	O	W	B	S	E	Y
S	L	R	A	E	P	L	W	L	K	R	R	U	M	R

BONES
COTTON
CREAM
DOVES
FETA
FLOUR
IVORY
MILK
PAPER

PEARLS
PILL
RICE
SALT
SNOW
SUGAR
SWANS
TEETH
WOOL

Word Search 115
Types of Herbal Tea

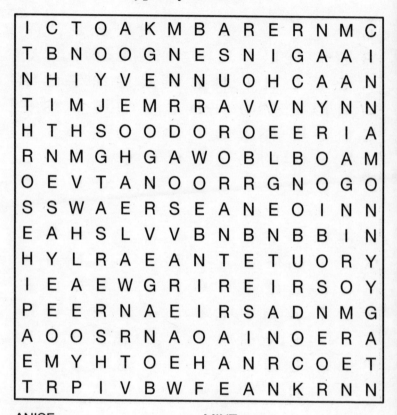

I	C	T	O	A	K	M	B	A	R	E	R	N	M	C
T	B	N	O	O	G	N	E	S	N	I	G	A	A	I
N	H	I	Y	V	E	N	N	U	O	H	C	A	A	N
T	I	M	J	E	M	R	R	A	V	V	N	Y	N	N
H	T	H	S	O	O	D	O	R	O	E	E	R	I	A
R	N	M	G	H	G	A	W	O	B	L	B	O	A	M
O	E	V	T	A	N	O	O	R	R	G	N	O	G	O
S	S	W	A	E	R	S	E	A	N	E	O	I	N	N
E	A	H	S	L	V	V	B	N	B	N	B	B	I	N
H	Y	L	R	A	E	A	N	T	E	T	U	O	R	Y
I	E	A	E	W	G	R	I	R	E	I	R	S	O	Y
P	E	E	R	N	A	E	I	R	S	A	D	N	M	G
A	O	O	S	R	N	A	O	A	I	N	O	E	R	A
E	M	Y	H	T	O	E	H	A	N	R	C	O	E	T
T	R	P	I	V	B	W	F	E	A	N	K	R	N	N

ANISE
BARLEY
BURDOCK
CINNAMON
FENNEL
GENTIAN
GINSENG
GOJI
HAWTHORN

MINT
MORINGA
ROOIBOS
ROSE HIP
SAGE
THYME
VALERIAN
VERBENA
YARROW

Word Search 116
Famous Botanists

D	N	E	O	B	E	L	T	A	D	N	M	E	R	S
R	R	R	N	L	T	L	I	N	E	E	O	R	B	M
A	E	E	L	H	E	N	B	N	N	G	R	E	S	R
W	N	O	E	M	O	N	O	D	V	N	L	I	S	E
E	R	E	B	R	A	O	E	M	E	O	S	D	L	T
T	E	N	N	D	G	L	K	V	E	S	O	O	R	T
S	O	G	O	R	D	O	N	E	A	R	D	R	B	I
Y	Y	A	Y	R	B	O	B	B	R	R	F	B	W	F
E	A	N	N	P	Y	G	Y	T	O	R	E	D	B	A
K	E	R	I	E	S	S	B	E	L	L	A	M	Y	E
C	L	B	S	L	E	I	K	H	T	I	M	S	F	R
V	B	S	A	M	P	R	E	N	E	I	R	E	R	T
E	E	R	E	V	R	A	C	R	A	R	R	I	B	R
B	R	B	L	O	E	E	D	V	E	B	E	E	D	I
T	D	D	N	T	O	R	N	N	O	L	A	M	L	F

ARBER
BANKS
BELLAMY
BESSEY
BRODIE
CARVER
FITTER
FREMONT
GORDON

HOOKER
LONNROT
MENDEL
PLINY
RAVEN
RAY
SMITH
SONG
STEWARD

Word Search 117
Animals in Australia

B	E	T	T	O	N	G	W	A	L	L	A	B	Y	N
N	G	T	S	D	K	N	I	K	S	T	B	U	B	P
S	D	T	Q	E	I	L	N	G	C	N	B	P	I	L
O	O	R	P	U	G	N	U	S	G	A	A	G	L	G
O	A	T	I	L	O	O	G	Y	O	L	B	L	B	T
O	B	T	E	B	A	L	E	O	A	O	B	D	Y	S
R	T	A	C	Q	E	T	L	D	N	U	Y	A	E	M
A	N	I	I	I	O	R	Y	R	N	M	A	O	A	R
G	U	P	P	B	A	E	Y	P	A	E	O	G	O	L
N	O	A	L	O	C	U	K	L	U	W	Y	P	I	I
A	D	N	A	H	S	O	E	H	A	S	D	S	W	D
K	O	A	I	O	A	S	Q	U	O	K	K	A	M	B
P	O	D	R	A	N	K	U	B	C	K	O	A	L	A
N	N	U	G	D	A	A	A	M	A	N	A	E	L	U
A	K	T	B	L	M	A	W	O	M	B	A	T	A	I

BETTONG
BILBY
DINGO
ECHIDNA
EMU
GOANNA
KANGAROO
KOALA
LYREBIRD

PLATYPUS
POSSUM
QUOKKA
QUOLL
REDBACK
SKINK
TAIPAN
WALLABY
WOMBAT

Word Search 118
Bays of the British Isles

T	C	A	R	D	I	F	F	L	A	V	K	G	S	I
K	L	R	T	F	D	L	L	E	H	S	W	G	T	D
T	T	I	E	H	H	S	S	D	L	D	A	W	A	S
L	R	F	P	E	C	N	A	L	A	R	G	O	R	L
S	S	E	M	O	A	M	T	L	F	Y	E	F	T	F
E	E	D	M	W	R	S	T	S	T	L	D	C	A	C
F	V	G	S	A	N	L	T	A	O	W	E	L	D	S
M	I	U	E	M	D	C	O	O	T	L	I	U	U	E
O	T	P	I	E	E	O	P	C	D	M	M	C	E	D
H	S	A	W	E	H	T	G	U	K	E	B	E	K	L
V	L	B	E	A	S	A	B	M	U	R	D	N	U	D
E	T	S	O	M	R	M	A	E	M	D	A	S	L	D
E	A	A	D	R	Y	R	N	O	T	T	T	E	U	R
U	W	H	L	Y	N	L	F	O	U	K	T	E	E	M
O	D	B	N	R	D	E	F	T	O	L	R	T	A	S

BANFF	PORLOCK
BUDLE	SALTWICK
CARDIFF	SHELL
DUNDRUM	START
LARGO	ST IVES
LUCE	SWANSEA
LYME	TEES
OSBORNE	THE WASH
POOLE	TREMADOG

Word Search 119
Greek Islands

```
R D O S O E L Z S R W F G S S
B A X O K T X E Q L C L O G E
B F D R V E M V M L D L O F D
H T T A W R L P E N I R I I O
S R H P H C N S S M O D K E H
O M I A X X B H A R M S Q B R
E L A S S O C E M A N D R O S
O D R S S O Y M O E O H T P I
S L O D T S S Y S I U Z G Z M
G K Q X I A Q H O G J L F H U
K Q P N N E S S S O R Y K S F
K E L M O O R J Y B E I Z Y R
B M A J S B F R B L D R I M O
T H F Y E U S O X A N V O H C
S D Y L H E M I H A I R A K I
```

ANDROS	LESBOS
CORFU	MILOS
CRETE	NAXOS
EUBOEA	PAROS
IKARIA	RHODES
IOS	SAMOS
KEA	SKYROS
KOS	THASOS
LEMNOS	TINOS

Word Search 120

Salts

N	A	R	E	E	M	E	O	T	C	B	E	T	B	E
Z	L	A	O	E	D	A	E	K	R	O	T	O	R	T
N	T	E	A	I	N	D	T	O	K	S	A	O	Y	R
E	M	R	Z	E	I	A	M	Z	B	M	E	B	A	M
C	C	A	D	D	T	I	E	N	T	A	L	O	A	R
R	N	Y	O	O	D	A	T	I	C	T	O	R	I	T
R	C	I	A	E	T	E	R	E	L	E	M	A	N	R
D	O	I	D	N	U	B	N	T	B	T	T	X	H	R
E	A	M	T	B	A	T	C	A	I	T	L	D	L	O
R	E	E	B	R	R	T	M	T	O	N	T	I	D	M
R	A	R	U	E	A	O	E	U	C	T	T	U	A	A
H	A	L	I	T	E	T	M	A	C	H	R	C	H	L
K	C	O	R	I	N	R	E	A	A	A	O	Z	A	A
E	N	I	N	A	R	U	I	T	T	R	T	T	A	T
A	T	T	T	Y	I	D	E	E	N	E	T	E	E	E

AZIDE	LITHATE
BORAX	MALATE
BROMATE	MUCATE
BROMIDE	NITRATE
CITRATE	OLEATE
CORN	OSMATE
CYANATE	ROCK
HALITE	URANINE
IODIDE	URATE

Word Search 121
Gods

```
S  A  S  E  H  P  A  O  V  A  I  O  N  B  S
I  R  L  S  N  I  E  A  U  Z  A  M  M  E  O
S  A  S  I  B  U  N  A  A  U  G  A  M  U  C
I  U  R  K  G  N  T  N  I  S  H  R  O  O  J
I  T  H  O  R  R  A  P  N  A  E  S  A  D  R
O  L  H  O  N  G  U  A  E  H  A  M  U  I  R
T  O  E  S  I  S  N  O  I  N  I  R  O  N  Z
I  T  A  V  R  A  P  C  A  R  A  R  U  T  E
D  Z  S  B  B  V  P  M  P  P  D  S  J  I  U
T  R  S  U  A  S  E  I  O  A  U  M  U  O  S
Z  R  Z  D  I  R  O  L  R  N  R  K  P  S  E
E  T  K  R  C  A  L  U  R  S  G  R  I  B  I
I  B  I  U  I  O  M  P  S  R  A  E  T  I  L
A  S  R  S  M  A  Z  L  A  N  M  S  E  A  A
O  Y  E  A  P  L  R  S  A  S  A  N  R  S  K
```

ANUBIS	MARS
APOLLO	MERCURY
DARUMA	NABU
DURGA	NEPTUNE
HERMES	ODIN
ISIS	OSIRIS
IZANAGI	PARVATI
JUPITER	THOR
KALI	ZEUS

Word Search 122

In the Area

```
C O E T A R I M E A M I K A T
C O U N T Y I R V O Y I B G H
E I Y R E G I O N H N O S I E
O O E T E P S D C G E O R T T
R S H H M G A U D C G G B R H
E T E E E R D O N U R M O D R
R A R R C R M I B E V R R A D
N T I R D M V R A N E C O V I
I E H S Z O U L M T E R U I O
A E S O R B M R R B N O G C C
M E N P U T P A U R U R H I E
O E R S U S U O D E S A K N S
D V D C L Q I U I O A U T I E
O U T I P A R I S H A I H T G
R O H U G M T O I U O A R Y I
```

BOROUGH
COUNTY
DIOCESE
DOMAIN
DUCHY
EMIRATE
EMPIRE
KINGDOM
PARISH

PROVINCE
QUARTER
REALM
REGION
SHIRE
STATE
SUBURB
VICINITY
ZONE

Word Search 123

A Walk in the Park

```
I A H P B E O E L T P S R O E
I H O C T U C R P P O D I L E
H N T I S I S J A E E P H R L
D E C A N R O H T J L E E D H
L F H C P G E R E H A L D U I
C T I B G T W C S S P I E S L
U P G E N N T R E E S U O T L
S E R I I I S A V E R L E A W
P S A F S S P S T A T U E G C
H D S E L L S L E S H E D E S
E S S R L O O E A L C E T H H
S A S E W F W P O N S S E L L
S G V V R H I E E L T A R L V
L P P I C A J F R S R S A D C
W L J R A R L S L S P W I J S
```

BUSHES
FENCE
FLOWERS
GRASS
HILL
JOGGERS
LIDO
PATH
PICNIC

PLANTS
POND
RIVER
SHED
SLOPE
STAGE
STATUE
TREES
WALL

Word Search 124
Jabberwocky by Lewis Carroll

F	T	T	I	L	D	B	W	L	A	S	U	E	R	I
M	T	I	S	E	E	A	A	B	H	F	C	O	S	I
L	M	A	E	Y	L	O	O	M	F	O	E	A	O	T
E	H	E	V	S	B	B	O	I	L	S	C	T	S	D
Y	E	F	O	M	R	M	S	M	W	H	I	O	L	S
H	O	F	T	I	U	H	E	A	S	M	U	S	U	S
T	E	G	A	M	B	E	J	I	C	E	W	O	C	E
I	S	Y	A	W	L	I	M	H	C	A	J	A	B	B
L	L	R	C	B	B	A	O	C	L	B	L	I	E	A
S	A	E	M	L	E	R	U	C	A	L	S	R	B	R
A	B	I	I	B	T	A	L	R	O	L	B	Y	A	G
S	G	I	L	L	F	I	F	O	L	S	L	N	W	T
H	E	M	E	U	S	L	H	J	O	S	M	A	W	U
R	B	D	G	I	L	L	I	R	B	W	R	T	Y	O
E	L	S	Y	S	H	O	M	A	N	X	O	M	E	C

BEAMISH
BRILLIG
BURBLED
CALLAY
CALLOOH
CHORTLED
CLAWS
FRABJOUS
GIMBLE

GYRE
JAWS
MANXOME
MIMSY
OUTGRABE
SLITHY
TOVES
UFFISH
WABE

Word Search 125
Relaxing Indoors

```
A G O Y D I R O N I N G R G W
W A T C H I N G T V E W I H G
N R G N I T A T I D E M G D W
S N Y I D O P D C G W N H O G
Y E A R K A P L R K Y A M N G
E R W P O N E T N A V N I Y N
G G E I P A I I I W K C P I
I R N D N I I T N D O I A D D
W G G I I G N G T O Y I N O A
I R N N R O A G C I N I I G E
N G I G I B R H G T N A N Y R
G G I T A K K B I R T G E G N
N G A T I N A N M A G I H A L
I G H T N N G B O E I I S R O
N E G T I N G N N I T N H I H
```

BAKING
CLEANING
COOKING
DIY
DRAWING
EMBROIDERY
HAVING A BATH
IRONING
KNITTING

MEDITATING
NAPPING
PAINTING
READING
SEWING
TIDYING
WATCHING TV
WRITING
YOGA

Word Search 126
African National Parks

```
M E G N E U L G S I R Z U A A
E A A R B E G L U I O E O B T
E D E A E K O A O M G E G A A
L G Y G L O C N A E N W U O Z
K L N T P A A I I A A A O B A
A U N A M O B Z T O O A R E G
L O N E W N A G A D L C I L N
A A I G Y H P Y I N E G B E O
M A A I G K A L Z I E B L Z G
N B K G A R E A P V L N A M E
B A A K U L I L C I A E I A A
R G U O U I T E G N E R E S N
G M G K A K K C K O N A K O U
C H R E A B I C A U R I I B G
E O R R I G U E I E A N A O R
```

BELEZMA	IONA
BIA	IVINDO
BICAURI	KAKUM
BIROUGOU	LOANGO
CAMEIA	LUENGE
CHREA	MANA POOLS
EL KALA	NYIKA
GOURAYA	SERENGETI
HWANGE	TAZA

Word Search 127
London Garden Squares

```
N A G O D A C E E P A A W T O
T N A C U O S W O T E O N P O
A K L D M O W D E S L R O S I
C C H N A A O T E S E R T S C
T I O O R C E S N V T O O E I
R W H N K L W O E M N H N T T
R R K R H O H N A L O A E H E
G A N O A D A N E L O S U W A
U W I E M L N C D L R R R A T
O A H K O L O H S O L O A S O
T O P H N O V E D O Y O A M N
R T L M R Y E S E G T A A D N
N O O T N D R T S E D N W O L
E L D R R V Y E G C R R O O D
P O K I N G O R R A S S N R L
```

CADOGAN	MARKHAM
CHESTER	NEVERN
DOLPHIN	ONSLOW
DORSET	PORTMAN
EATON	SLOANE
HANOVER	SOHO
KING	THURLOE
LLOYD	WARWICK
LOWNDES	WEST

Word Search 128
Dog Training

```
Y  W  F  M  P  M  U  J  S  E  E  P  E  U  P
T  C  N  S  L  P  F  B  B  T  L  A  T  W  L
P  R  A  I  S  E  E  R  S  A  Y  T  A  F  H
O  Y  N  P  U  P  P  Y  R  S  L  R  T  S  C
P  D  R  A  W  E  R  E  S  I  E  L  R  E  T
R  G  I  T  R  C  L  T  R  E  N  N  E  E  E
E  A  E  K  O  E  T  T  S  E  A  L  R  S  F
F  S  Y  L  D  R  U  E  S  G  C  A  L  A  O
S  N  L  B  E  O  I  Y  I  I  E  A  S  W  H
W  A  P  A  N  E  O  L  K  S  H  H  L  R  R
R  C  T  O  R  E  I  F  E  A  H  W  E  L  A
A  S  I  E  H  T  I  K  L  A  W  E  E  E  E
L  T  T  L  Y  Y  R  A  T  U  N  N  E  L  L
R  P  F  R  O  L  L  Y  E  H  L  W  U  H  E
H  E  L  T  A  A  L  T  Y  L  L  E  E  A  L
```

AGILITY	PUPPY
BALL	RECALL
COLLAR	REWARD
FETCH	SEE-SAW
FOOD	TOY
HARNESS	TREATS
HEEL	TUNNEL
JUMP	WALK
PRAISE	WHISTLE

Word Search 129
A Healthy Diet

```
C N T E C E U E S A C R S P R
H G T E L N S G G E E T O E H
E R T G S Y M T S N L T R E U
E W R S S S E T O E A T O S E
S A U T T T E M A T P L U S S
E T H S M S L N O I L N A E S
P E G T G A M E S K L S M A O
U R O A S E S E N S E U T A M
L H Y O A A C E S O G S B E A
S N S T E U N A S E L L E G C
E T U T T M E D L O E I A A K
S T T T A P E E O T A T N R E
M E E G S E T R C C E N S L R
O L L G S A N T S I A E E I E
O M G K G S E I U T R L E C L
```

BEANS	NUTS
CHEESE	OATS
EGGS	POTATOES
GARLIC	PULSES
LEAN MEAT	RICE
LEGUMES	SALMON
LENTILS	SEEDS
LETTUCE	WATER
MACKEREL	YOGHURT

Word Search 130
Asteroids

```
S  S  A  S  U  V  E  S  I  A  L  U  S  R  U
I  S  S  E  Y  R  V  A  R  E  L  E  D  I  R
S  R  P  Y  E  A  M  L  A  P  C  O  R  A  O
Y  A  S  A  L  O  S  I  R  O  D  S  H  P  T
E  R  U  H  L  V  N  H  T  T  R  I  Y  E  K
I  J  S  S  E  L  I  U  S  H  I  R  G  E  E
E  D  S  M  E  E  A  A  J  E  R  I  I  T  H
Y  S  I  S  C  R  H  S  A  M  S  E  E  H  S
Y  E  A  P  O  Y  E  C  I  I  E  O  A  I  L
G  T  E  P  B  H  B  C  Y  S  R  A  L  S  T
R  K  E  I  O  A  C  E  H  S  A  E  U  B  N
U  E  E  S  A  R  L  S  L  T  P  L  G  E  A
G  I  B  I  H  R  U  A  V  E  S  T  A  E  S
M  T  E  S  Y  U  E  E  U  Y  U  E  E  P  J
R  E  H  O  Y  I  R  L  Y  S  A  H  E  A  I
```

CERES	JUNO
CYBELE	PALLAS
DORIS	PALMA
EGERIA	PSYCHE
EUROPA	SYLVIA
HEBE	THEMIS
HEKTOR	THISBE
HYGIEA	URSULA
IRIS	VESTA

Word Search 131

Bassists

```
M D E I S U S D L S N E R S E
E A L I E N E L U Y R N G B S
N L T R B A E G A A E E L T E
T O E U C B N B L M L U O N S
O C T O M I L U G M T A V T T
Y A N W M R O R O B U E E A I
M T S C A O N T A A B C R R N
M J E E E G R O L I M U L G G
E O R B R I A N N P R E S T I
L N U R T E S L Y W O E N I I
E E U U U L T I L O Y Y M T N
R S I C S L G S N U S M Y E C
L S R E T A W R R T P M A S B
M L L S U O I C I V T E E N G
M V C S T A E L F R C O J E M
```

AMENT	GLOVER
BELL	JONES
BRUCE	LEMMY
BURTON	MINGUS
BUTLER	PRESTI
DEACON	STING
EARL	VICIOUS
FLEA	WATERS
GALLUP	WYMAN

Word Search 132
Bioluminescence

H	I	P	I	N	E	C	O	N	E	F	I	S	H	N
H	S	E	L	R	F	D	E	R	T	A	L	C	E	E
S	S	I	R	A	T	S	M	H	N	E	H	R	L	M
I	E	O	F	F	T	T	E	N	V	A	S	S	E	R
F	M	F	E	R	T	I	E	H	E	C	I	D	L	O
R	O	P	I	R	E	L	A	T	F	O	F	O	T	W
E	S	A	L	R	I	P	O	E	O	P	N	C	E	D
L	O	L	G	D	E	G	I	N	X	E	R	A	E	A
G	R	E	S	L	N	F	L	V	F	P	E	R	B	O
N	Y	L	K	A	O	L	L	E	I	O	T	T	K	R
A	P	K	T	E	I	W	G	Y	R	D	N	S	C	L
T	S	H	I	R	H	W	W	A	E	S	A	O	I	I
L	S	F	K	K	I	F	L	O	L	T	L	H	L	A
S	I	S	L	G	U	L	P	E	R	E	E	L	C	R
E	R	C	A	T	S	H	A	R	K	M	C	D	C	I

ANGLERFISH
ANNELIDS
CATSHARK
CHAETOGNATHS
CLICK BEETLE
COPEPODS
FIREFLY
FOXFIRE
GLOW WORM

GULPER EEL
KRILL
LANTERNFISH
LATIA
OSTRACODS
PINECONEFISH
PYROSOMES
RAILROAD WORM
VIPERFISH

Word Search 133

Juicing

A	A	G	O	A	B	A	A	C	S	A	E	R	R	Y
T	E	B	G	N	L	R	G	P	E	O	G	A	A	E
U	T	N	N	A	U	O	R	I	P	C	P	N	B	T
I	E	R	A	N	E	M	E	E	N	L	A	I	M	L
R	O	N	M	A	B	G	A	G	B	G	E	Y	L	N
A	A	C	T	B	E	R	N	N	B	O	E	A	O	A
M	Y	S	M	T	R	T	C	E	C	A	R	R	O	T
A	P	E	P	A	R	G	N	C	T	O	M	A	T	O
E	Y	P	N	B	Y	N	U	I	N	S	E	A	R	P
G	R	R	E	G	E	C	B	E	M	P	U	A	C	R
N	E	N	R	N	U	R	A	P	A	I	E	M	I	L
A	L	E	O	M	E	V	R	C	R	N	A	N	E	G
R	E	N	B	M	A	G	A	Y	E	A	L	V	E	O
O	C	E	U	U	E	A	R	O	O	C	T	O	R	H
R	R	I	G	E	T	L	N	I	A	H	B	G	R	U

APPLE	LEMON
BANANA	LIME
BLUEBERRY	MANGO
CARROT	MINT
CELERY	ORANGE
CUCUMBER	PEAR
GINGER	RASPBERRY
GRAPE	SPINACH
GUAVA	TOMATO

Word Search 134

Geographic Features

E	B	K	F	A	V	V	E	R	E	V	I	R	P	V
O	C	A	C	P	C	E	I	N	V	L	P	D	T	E
M	E	L	Y	K	L	C	L	I	F	F	L	A	O	O
V	E	P	I	A	S	W	A	M	P	P	K	L	L	P
R	D	P	S	E	L	L	C	R	S	C	A	L	I	L
R	C	W	L	E	I	C	R	E	E	K	F	E	P	H
C	C	E	A	P	O	A	Y	C	I	S	Y	A	E	C
E	W	E	N	P	A	A	D	L	E	V	V	G	V	C
P	K	S	D	E	N	P	B	T	G	E	L	P	L	O
L	E	A	R	T	E	E	N	A	O	O	R	P	E	E
A	S	L	L	S	A	W	P	R	L	I	R	O	A	A
I	L	E	D	C	I	P	P	C	V	O	I	G	P	P
N	L	H	H	R	M	A	A	I	A	S	R	S	E	E
I	S	P	W	L	O	C	E	A	N	V	I	P	A	A
N	I	D	O	O	W	G	C	O	A	C	E	N	S	K

BAY	OCEAN
BEACH	PEAK
CAVE	PLAIN
CLIFF	RIVER
CREEK	SEA
GORGE	STEPPE
HILL	SWAMP
ISLAND	VELD
LAKE	WOOD

Word Search 135
Feeling Romantic

N	S	F	R	O	I	F	T	D	F	K	H	O	R	S
S	E	I	R	E	G	N	I	L	A	G	L	N	E	R
K	K	I	F	R	F	A	C	E	E	T	N	A	P	E
I	T	A	I	E	A	S	M	A	O	E	E	I	A	W
S	E	E	I	S	S	E	D	T	N	S	C	P	E	O
S	S	R	H	F	E	E	B	I	N	D	E	U	S	L
O	P	E	R	U	N	S	R	Y	N	E	L	N	P	F
R	E	M	G	I	G	Q	O	A	D	N	I	E	R	E
R	R	A	W	I	W	E	B	R	T	D	E	G	S	O
R	F	E	E	G	A	S	S	A	M	N	E	R	R	N
T	U	B	L	R	P	N	F	N	I	R	O	T	O	R
E	M	S	A	T	F	I	R	E	W	O	R	K	S	R
R	E	I	A	I	E	S	E	Q	U	I	N	S	E	R
I	E	E	S	M	U	A	F	F	E	C	T	I	O	N
M	O	C	M	O	R	W	E	R	I	F	N	E	P	O

AFFECTION
CANDLES
DATE
DINNER
FIREWORKS
FLOWERS
HUG
KISS
LINGERIE

MASSAGE
OPEN FIRE
PERFUME
PIANO
ROMCOM
ROSES
SEQUINS
TEDDY BEAR
WINE

Word Search 136

Positive Vibes

```
E  A  A  U  P  R  E  C  I  O  U  S  O  G  F
J  N  I  A  N  L  G  I  F  E  R  I  N  N  W
E  A  N  A  O  I  A  N  R  L  F  U  N  I  O
E  U  A  E  E  E  Q  I  I  C  C  D  L  S  N
W  E  G  R  O  N  L  U  C  T  A  E  J  U  D
F  X  X  N  L  G  H  B  E  I  I  G  E  M  E
L  C  O  F  I  U  N  C  A  A  F  C  S  A  R
A  E  A  T  L  D  F  I  A  Y  A  E  X  L  F
N  L  R  A  O  I  N  E  X  P  O  G  N  E  U
I  L  N  E  V  E  Y  U  T  A  A  J  E  E  L
G  E  A  R  E  L  B  X  O  S  L  B  N  R  B
I  N  X  G  L  Y  R  U  L  T  A  E  L  E  T
R  T  G  G  Y  E  E  L  L  U  S  T  R  E  F
O  C  A  G  R  E  E  A  B  L  E  A  R  O  E
W  N  R  R  L  L  U  F  T  H  G  I  L  E  D
```

AGREEABLE
AMUSING
ASTOUNDING
BENEFICIAL
CAPABLE
DELIGHTFUL
ENJOYABLE
EXCELLENT
EXCITING

FUN
GREAT
LOVELY
ORIGINAL
PRECIOUS
RELAXING
TASTEFUL
UNIQUE
WONDERFUL

Word Search 137

Time For Bed

```
S S D Y P O Y P L T W S S F W
R I R R T N A Z T W B S E D R
D E O N M A E R D A F Z R W R
E S W P O Y W E M O O U E E E
N T S D A E O Y D D A A O Y D
I A Y F Y Z R E F P R E S E D
A E Y A N D O F R Y I O N T S
R L T N P W O E N P E K O U L
D E S D A P A O D E Z E O H R
P M E U O P D Y S E E O Z S F
U B R R E O R A N L A Z E Z T
U A D I F S F A O S T N W I R
L E F F O S L U M B E R R E Y
T Y R N E Y Z Z Z I I E N N O
S N T B K Y O E T Y D T O O R
```

DOZE	SHUT-EYE
DRAINED	SIESTA
DREAM	SLEEP
DROP OFF	SLUMBER
DROWSY	SNOOZE
KIP	TIRED
NAP	WEARY
NOD OFF	YAWN
REST	ZZZ

Word Search 138
Calendars

```
N E P A L I N M A H I T R M N
A I A K R U E P D I A L R N A
H N N L Z P W A A W Z S O A K
C N Y S D E C S A M T U M S A
I I I N R N S H C E E M A G M
N N T B C Y A U I U C C N I U
A L E T R S L I D N I S N H O
M H E I A I C N T N E G N M N
R O A I L A I I E P U S H R J
E N I N E H C L N O Y S E U A
G A K C C O L A I P I G P N H
A A H E P E I I N D A I E I L
H P E T H L N T E P R W U C I
M P I M U A U W A N H S I R I
G C A J I E S Z M T S E N S P
```

AKAN	HELLENIC
ASSYRIAN	HINDU
ATTIC	IRISH
AZTEC	JULIAN
CHINESE	MINGUO
COPTIC	NEPALI
EGYPTIAN	ROMAN
GERMANIC	RUNIC
HEBREW	SWEDISH

Word Search 139
Philosophers

```
H S T A N E Z T E A X R A M X
U E T D E C H O M S K Y S E R
A N E I W C A Z V C A L N A A
E E C R N A S O O M O O A C S
S C H R A O L A K L P U A O Z
S A E E E T L L R H D L D S R
U S V D A L E P O T L L H U U
O M L I E I A N Y E R E U L G
R C R V N P X S W S G E U U Z
E E A R I I K O L E C P I S L
R C I N R E D R L E I B N I Z
S E E A E C R E L T U B O R H
S A T M M D L L E S S U R B B
U S E T A R C O S A A O L L C
R E B L D O P L A T O B A E E
```

BUTLER   PAPINEAU
CAVELL   PLATO
CHOMSKY   ROUSSEAU
DERRIDA   RUSSELL
HEGEL   SARTRE
KLEIN   SENECA
LEIBNIZ   SOCRATES
MARX   VOLTAIRE
MCDOWELL   XENOPHON

Word Search 140

Saints

```
E G M S E E L C M N B A R R P
N I C H O L A S I A E E M L O
R O C A N E E B S N R E N N A
D W E R D N A E G P I C C B Y
S E E L R R A A R O E M E R E
A D I O B E G G M A L T O N A
R Y E A D I V A D A S G E D R
C O R R A I P G B R E M E R J
N A G C U T H B E R T D U A E
A E E R D R P G G B I B M S E
P U O C N D O A W S A E R G N
I I R P A T R I C K S C L S G
S I G P L E A H C I M K N E E
D R E B T D R A N O E L C E C
O G G G S U I G I L E H M A L
```

ANDREW
ANNE
BARBARA
CUTHBERT
DAVID
DOMINIC
ELIGIUS
ERASMUS
GABRIEL

GEORGE
GREGORY
JAMES
LEONARD
MICHAEL
NICHOLAS
PANCRAS
PATRICK
PETER

Word Search 141

Herbs and Spices

```
N B S A U B N M L U V I L I R
S S P O S S Y H L C B V T C W
O C L M A F O E S E A E O C A
S D N C E A N E O E H P T E T
F P I C G N M L R N E L E E R
B H E E E Y A U P P E O C R L
T A I F H L E S E L T E C C S
I E S T E T N P S G E M T U N
S E V I H C P A C L O V E S B
N U E E L E W E C C U M I N F
L I M Y R O A S A F F R O N M
M O E E C M S G A R L I C L D
N I C N S L A L L I D M W I C
O O N E G L B C O O S U M A C
A I S T F C I T B E A L S L E
```

ALOE	GARLIC
BASIL	HYSSOP
BETEL	MINT
CAPERS	NUTMEG
CHIVES	PEPPER
CLOVES	SAFFRON
CUMIN	SUMAC
DILL	THYME
FENNEL	WASABI

Word Search 142
Non-alcoholic Drinks

```
A E A A E N E R G Y D R I N K
P R A K S C O L A U B E J E A
H E E P T M F M H N E E C N A
O E R N P R O G I F O I O R L
T B E E O L E O F L U T R A L
T R T R T A E O T J K O N A I
E E R O E A C J E H S T S E R
A G O E N T W G U U I O E E A
S N O T T I N L I I D E D S P
C I T C I A C C A A C A A D A
C G B T R S E W W R N E I S S
O A E O T D A A A O E A W C R
C H E A T A T N M T N N R E A
O R R E E E R E E A E L I L S
A I A I R W L A M R O R N M O
```

APPLE JUICE
COCOA
COFFEE
COLA
ENERGY DRINK
GINGER BEER
HOT TEA
ICED TEA
LEMONADE

MILK
MINERAL WATER
ORANGE JUICE
ROOT BEER
SARSAPARILLA
SMOOTHIE
SODA WATER
TISANE
TONIC WATER

Word Search 143
Personal Ornaments

```
H E C H A M M B A A M U L E T
D O B C B G C N I A H C D D N
G H B O A M T E G S T I R M L
B C O O T A T E N H C T A W A
D A E R L I H A R E K O H C D
T C E B A H L I I A E K D B I
R T T R W T E T O G O R G E T
T N A E L G N A B O T D H H T
B C O G N I R S T R G A E T N
T M T A O T A L G E R C O C P
A S E A L R A E R M K R L E U
H I D D M T W W L I C C A L S
U I L A A E S E I N E R O T T
T L L A E I T J L B L A E L U
E D N A B B D A E S L C O G D
```

AMULET	GORGET
ARMLET	JEWELS
BAND	LOCKET
BANGLE	PEARLS
BEADS	RING
BROOCH	STUD
CHAIN	TIARA
CHOKER	TORC
DIADEM	WATCH

Word Search 144

Conversation

E	A	K	L	T	L	A	A	A	T	E	B	A	Y	Y	
G	R	O	A	H	T	R	E	S	S	A	S	E	R	A	
B	E	B	T	E	E	N	T	E	E	H	L	A	I	S	
N	U	S	M	L	P	L	R	L	C	L	E	N	S	I	
T	D	S	T	S	K	S	I	N	G	H	K	B	B	A	
E	E	G	E	T	E	T	E	U	E	K	O	J	T	T	
C	T	A	P	L	E	T	A	B	E	D	R	U	P	A	
S	A	D	S	A	E	T	E	L	Y	A	E	U	L	L	
S	E	L	N	E	T	A	L	T	U	O	H	S	A	K	
I	M	R	L	E	T	E	S	L	E	E	L	E	L	N	
G	U	K	T	E	L	E	E	K	T	A	H	C	E	A	
N	M	A	L	B	S	A	R	G	U	E	S	T	E	T	
A	B	L	L	S	M	O	C	M	I	A	S	D	A	S	
L	L	A	T	S	Y	I	A	R	L	I	U	A	S	S	
K	E	N	E	E	C	E	A	H	L	G	R	T	T	T	

ARGUE
ASSERT
CALL
CHAT
DEBATE
HEAR
JOKE
LISTEN
MUMBLE

SAY
SHOUT
SIGNAL
SING
SPEAK
TALK
TEASE
TELL
YELL

Word Search 145
Trip Around Europe

```
T T D G A U P B E N L F R C I
Y L A T I P E E U D D T S D K
N E A A O L C K N T U R K E Y
S D N L G N A A R A F L C E R
L M A I A S L A I A N E I R Y
S N U R P N E L M A M U Y D R
D M F A I C Y A W R O N N G A
U N I F E P L E D S A A E R G
A N D E I T H A U M L H E D N
N Y R A A I I R R E D N N S U
A G N L D T P E R C M E N A H
U Y F F A Y G I S U T D L R S
I A D O C P O U A T E E I P R
S T R A U S T R I A L W R N A
M C I D L T E L R Y E S N U P
```

AUSTRIA	HUNGARY
BELGIUM	IRELAND
CROATIA	ITALY
CYPRUS	MALTA
DENMARK	NORWAY
FINLAND	POLAND
FRANCE	SPAIN
GERMANY	SWEDEN
GREECE	TURKEY

Word Search 146
Animal Noises

P	I	A	S	U	N	P	Z	O	B	W	H	H	P	A
H	O	A	A	P	M	A	W	W	A	B	A	O	W	R
R	S	R	W	M	L	H	O	H	O	A	Z	Y	W	W
E	S	W	O	E	M	E	L	I	L	R	B	N	W	L
O	K	R	A	B	A	U	Y	S	B	R	S	O	B	M
Z	B	L	O	I	O	T	A	S	Y	L	A	I	W	A
R	Z	Y	M	A	O	E	Z	R	B	T	S	N	E	A
R	L	U	A	L	M	E	L	A	E	E	A	A	S	N
S	A	E	B	L	H	W	N	H	M	P	T	E	T	H
I	W	A	C	L	S	T	S	A	P	U	R	R	L	E
L	E	S	E	A	U	S	S	I	R	O	A	R	I	B
W	A	S	L	A	P	N	N	Y	E	W	I	T	S	E
O	R	R	T	R	U	E	A	O	S	W	K	N	I	R
Y	L	T	E	A	R	N	P	B	O	O	E	A	K	B
U	W	H	H	U	M	U	E	U	E	B	P	Z	C	P

BAA	MOO
BARK	OINK
BLEAT	PURR
BUZZ	ROAR
CAW	SNAP
HISS	SNARL
HOWL	TWEET
HUM	YELP
MEOW	YOWL

Word Search 147
Spring Clean

```
L H E A N N O S A C A E D L C
T D H P N A E L C M V S P R P
S S S V I A E S M U S N E C Y
E P I L N W P Y P U U U N S D
A A L E U N A T P C S E I S E
Y R O A E S A P D A O E H L H
E K P H U P E M W V A E S E E
N L A E E N E E R P M C O I
T E E D A E D E B N E T A E N
A E A L H E A E S H P Y A E E
T A L E P S Y I R W D H R T P
M Y L A D N T K A I A S K E L
B K A S V I E S T I A S E H D
K B U R E R P K U U W W H E P
N T E P N S V Y I D S N E E T
```

CLEAN	SHINE
DRY	SOAP
DUST	SPARKLE
EMPTY	SWEEP
LAUNDER	TIDY
NEATEN	VACUUM
POLISH	VALET
RINSE	WASH
RUB	WIPE

Word Search 148

Feeling Great

E	D	S	G	S	P	I	R	I	T	E	D	I	J	T
U	X	Y	E	U	C	I	I	T	Y	M	O	U	I	H
I	C	U	R	L	P	O	Y	E	J	E	Y	J	S	Z
E	E	H	L	C	G	B	N	E	A	G	C	U	U	D
N	T	X	I	T	I	N	E	T	P	E	S	B	O	E
A	H	P	C	R	A	T	I	A	E	E	P	I	Y	T
Y	R	A	E	I	P	N	A	H	T	N	E	L	O	A
R	I	E	P	T	T	Y	T	T	G	N	T	A	J	L
R	L	N	P	P	Y	E	R	T	S	U	U	N	A	E
B	L	E	G	I	Y	J	D	E	G	C	A	T	M	F
I	E	L	I	V	E	L	Y	R	I	J	E	L	A	D
A	D	T	S	A	S	E	R	E	A	L	Y	D	Z	A
T	T	J	O	Y	F	U	L	L	A	D	F	Y	I	L
E	U	P	H	O	R	I	C	A	N	F	L	S	N	G
T	A	R	C	I	G	H	E	S	I	E	A	V	G	U

AMAZING	HAPPY
CHIRPY	JOYFUL
CONTENT	JOYOUS
ECSTATIC	JUBILANT
ELATED	LAUGHING
EUPHORIC	LIVELY
EXCITED	SPIRITED
EXULTANT	THRILLED
GLAD	UPBEAT

Word Search 149
Holiday Resorts

C	R	L	S	M	S	E	T	L	C	E	T	C	A	B
A	T	C	U	Z	S	E	B	O	O	N	O	N	N	E
N	A	N	T	N	N	E	S	D	P	A	A	Z	C	N
C	R	A	R	E	N	T	N	L	N	H	E	L	H	O
U	N	I	R	I	A	A	A	G	E	P	O	G	L	M
N	A	I	D	B	L	O	O	I	O	H	U	F	O	O
C	F	O	R	R	T	L	M	R	O	O	O	N	O	B
E	R	A	O	E	D	N	T	N	R	Z	T	A	L	L
M	V	A	B	C	A	T	O	O	T	E	L	A	E	P
A	U	E	O	S	S	L	B	I	C	I	C	M	L	C
O	A	A	S	P	U	R	R	A	C	K	U	A	A	E
R	S	A	C	L	A	R	R	A	P	Z	R	N	N	B
T	U	A	U	C	A	L	N	O	O	N	N	N	L	A
N	N	O	S	I	O	T	O	C	R	E	L	A	I	E
B	R	C	B	A	E	L	E	T	S	P	R	A	E	P

ALICANTE
ANAHEIM
BENIDORM
BIARRITZ
BLACKPOOL
CAIRNS
CANCUN
CANNES
COSTA BRAVA

COZUMEL
GOLD COAST
HONOLULU
MONTE CARLO
NASSAU
ORLANDO
SCARBOROUGH
ST TROPEZ
TENERIFE

Word Search 150

Types of Tea

E	T	N	I	M	M	L	H	L	E	I	O	N	L	I
A	H	E	D	E	A	U	J	L	M	U	K	R	N	R
E	B	O	I	B	S	I	M	A	G	S	E	O	M	O
N	E	E	R	G	R	A	T	N	R	O	N	E	U	O
G	L	E	E	I	S	O	A	O	I	B	I	H	V	B
I	H	S	G	A	O	N	E	I	G	I	U	N	A	N
E	E	L	L	L	N	A	N	A	T	O	I	C	E	D
S	I	A	O	U	A	A	J	E	G	O	E	M	S	A
N	E	N	Y	S	L	A	N	N	M	R	U	O	I	E
L	G	L	M	U	S	G	E	B	N	U	M	E	E	K
N	I	S	B	M	M	A	M	A	S	S	A	E	S	M
A	A	M	I	H	U	E	D	W	D	S	Z	A	N	B
L	I	N	I	E	D	E	N	E	T	I	H	W	A	N
D	E	R	U	L	R	W	N	A	R	J	E	S	O	I
A	N	O	L	Y	E	C	R	N	I	I	A	H	C	I

ASSAM	MASALA
CEYLON	MINT
CHAI	NILGIRI
DIMBULA	OOLONG
GREEN	RIZE
HERBAL	ROOIBOS
ICED	UVA
JASMINE	WHITE
KEEMUN	YUNNAN

Word Search 151
Waterbirds

T	E	A	I	D	E	S	S	S	N	T	I	A	A	S
N	O	E	S	A	L	T	B	N	N	A	R	L	S	G
A	H	T	E	E	O	C	O	G	R	E	B	E	E	N
K	S	O	E	P	N	S	R	W	W	G	P	E	P	S
C	T	O	E	I	K	N	O	T	T	R	A	E	W	I
U	I	C	K	N	E	E	A	E	G	T	E	R	N	O
D	L	N	R	S	U	E	S	K	O	W	S	C	T	R
R	T	C	O	E	H	N	T	O	I	S	E	R	E	I
E	S	P	T	E	L	E	O	T	O	N	E	A	I	E
C	K	R	S	A	S	R	R	C	E	G	W	N	D	N
A	E	E	E	W	S	S	I	O	O	T	L	E	E	O
T	R	T	A	O	I	I	K	I	N	R	O	I	R	E
I	P	N	R	B	D	C	O	K	O	T	S	O	A	L
O	P	U	I	E	E	B	B	O	I	O	A	K	N	R
O	T	G	T	R	A	U	K	T	L	E	E	T	E	C

AUK
COOT
CRANE
DUCK
EIDER
GOOSE
GREBE
HERON
IBIS

KNOT
PEEWIT
RAIL
SNIPE
STILT
STORK
SWAN
TEAL
TERN

Word Search 152

Water Features

```
L T L A A A K N D I R O B A T
A R A T L N H R E A R R R K S
K E M R R C F A P E O P O K I
E M E A N T A I S O E A C S E
D A N A R P D O K C H C O L O
C A N A L S K A S K E E R C R
D Y C M P A H O E O H C E R E
C I D U T A U W P S A A W R H
P Y N A E N L A O R T I R R S
R A R L D B A O N O L E A C R
I O C S E K O T D A E E S I C
V P E E N T N N O F D W S O A
E D L O C E A N R P A Y W R D
R V C T E K C E D M T N A N F
P L T O O D C N P L T U Y B L
```

BAY	OCEAN
BROOK	POND
CANAL	RAPIDS
CREEK	REEF
DELTA	RIVER
INLET	SEA
LAKE	SOUND
LOCH	SWAMP
MARSH	TARN

Word Search 153
On the Beach

```
S S H A F L N C L B B R B E S
N L I R E A C T S E S T A H C
O S F F L T N E T I E R E E H
R S S N T A C R A B A L E E T
K T P E F P B A R I L D T G E
E G I R C T L H N E A A L R S
L A A L A L I A S P L L S O C
G A I L E Y E P S S K C A N S
N F R R F I M C E D S A R T F
F A B E A C N E R U T C L S F
S M I A A C M E O S D N A S T
U T K S W I M M E R W O I D A
E I S A S N U G A L R E A O
A D T U S U R F P T S I M S B
I E S A F I B S S M F B A L L
```

BALL
BOAT
CLIFF
CRAB
FLAG
MIST
RAIN
SAND
SHELL

SNACKS
SNORKEL
SPADE
SPRAY
SURF
SWIMMER
TENT
TIDE
UMBRELLA

Word Search 154
Varieties of Cheese

```
U  A  N  C  G  A  D  N  D  T  I  B  C  A  A
R  I  K  R  I  M  N  O  T  L  I  T  S  R  A
A  B  K  A  I  B  P  O  L  N  U  D  E  T  D
C  N  A  E  R  C  N  E  E  C  Y  O  R  R  U
E  A  I  I  L  L  O  O  S  G  N  H  O  Y  O
E  Y  E  T  O  A  E  T  R  B  I  R  U  O  G
O  B  Y  B  N  K  T  U  T  I  T  T  C  C  R
O  R  E  E  R  O  Y  N  U  A  T  T  O  H  E
T  E  R  A  O  E  F  P  A  R  O  L  B  E  O
R  D  U  R  R  L  M  N  T  C  R  N  A  D  I
E  Q  A  E  N  A  A  D  C  E  C  C  C  D  A
A  I  E  I  D  W  O  R  C  T  B  R  F  A  I
D  C  F  E  T  A  C  A  R  R  E  K  L  R  D
A  L  B  C  O  C  G  U  T  O  N  R  I  R  U
C  T  B  O  U  R  S  I  N  B  R  E  R  E  U
```

BOURSIN	DUNLOP
BRIE	EDAM
CABOC	FETA
CANTAL	FONTINA
CARRE	GOUDA
CHEDDAR	GRUYERE
CROTTIN	QUARK
CROWDIE	RICOTTA
DERBY	STILTON

Word Search 155
Legendary Heroes

```
A Y O B R H M I K U L A X C S
T N N H E C T O R W B B P L X
R N A B L M A T S U R A E B F
S N L C R X D D E A T S R R L
R J A U P A A O M O N I S O U
A R S C H W N J L U N R E B W
I W L A H C Y E A J S C U R O
A B L S G I C L E A G A S O E
D A W I I N L O L S M U T Y B
G R L L A R A L T O E H L U B
P Y O L O O E E N E L A A L
K R O L A S D T O S G D C E P
W X A T L A A T E D S L S I L
J N I A W A G U L O D A L S D
D O L A A M S R R I C J E S S
```

ACHILLES
AJAX
BEOWULF
BRAN
CADMUS
EL CID
GALAHAD
GAWAIN
HECTOR

JASON
LANCELOT
MIKULA
PERSEUS
PWYLL
ROB ROY
ROLAND
RUSTAM
THESEUS

Word Search 156

Rainforests

```
W O T A S M A N I A N E A D Y
C E D N A L W O L O E N R O B
G S O L O M O N I S L A N D S
A O O B M A B O N A G A S A A
N A J A R A H N I S H A Z N K
H Z G O O M A R E S N E O H S
O A O B O W I A N A I N A S M
D W N A A N H A A W N O A A L
A I D N W O I I O O S G L D E
I J W T H I N L D O N A O Z O
N N A I A O A N K O Y I M B N
T N N W Z I A Y T S R S N A A
R C A A B C A E I N L N A N H
E H M O A B I A K N U M F O R
E A M L A A N C I P M Y L O W
```

AMAZONIA
BIAK NUMFOR
BIALOWIEZA
BORNEO LOWLAND
DAINTREE
GONDWANA
HAWAIIAN
HOH
KHAO SOK

LACANDON
MALAYSIAN
OLYMPIC
SAGANO BAMBOO
SERAM
SINHARAJA
SOLOMON ISLANDS
TASMANIAN
TONGASS

Word Search 157
Types of Shrub

O	L	J	A	S	M	I	N	E	W	L	V	L	T	E
A	E	L	A	Z	A	L	O	E	O	I	I	M	L	R
P	I	B	J	R	P	O	R	I	L	H	A	L	E	L
E	N	P	R	A	W	R	L	D	L	V	E	H	A	H
O	O	A	E	O	A	E	I	L	A	R	T	L	L	C
N	M	P	S	G	O	N	I	V	M	A	F	A	J	H
Y	I	H	S	H	L	M	Y	G	E	A	C	U	I	A
W	N	O	A	L	G	M	A	H	E	T	R	R	V	A
E	Y	L	H	N	L	Y	L	E	O	L	O	E	Y	D
W	E	L	E	N	H	P	A	D	M	H	A	L	O	H
A	B	Y	L	L	F	U	C	H	S	I	A	O	E	T
E	E	M	I	M	O	S	A	M	A	C	W	H	A	E
E	H	L	O	A	T	E	O	S	A	G	M	S	S	W
B	N	I	L	O	O	E	D	I	O	N	M	O	S	E
A	F	O	P	O	R	E	A	D	Y	L	R	E	L	I

AZALEA	JASMINE
BROOM	LAUREL
DAPHNE	LILAC
DOGWOOD	MALLOW
FUCHSIA	MIMOSA
HEATHER	PEONY
HEBE	PRIVET
HOLLY	ROSE
IVY	WEIGELA

Word Search 158
Musicians

```
P E L M T S I L L E C L B L S
N P I A N I S T I E I A D T D
V D A E T E L L N N R S T I
E E D S T T C S T D L R S V V
L R E T D C O R M D D I L S A
A D S R U L E A U I L A L O I
R A M O O B T E H A O R B F R
L H S I A E T A C L E O A E E
U I S R P T R O E P I S L R D
T T D E I P V R I S L D E R O
E I G S I G T P T R D L U E D
N D T S M S C P E I G M T P F
I N T T N T E D F U M P B A O
S I I I E T E R B E U A S I I
T I M U O I R I R E K S U B M
```

BANDMATE
BARD
BUGLER
BUSKER
CELLIST
DIVA
DRUMMER
DUETTIST
FIDDLER

HARPIST
LUTENIST
MAESTRO
MINSTREL
OBOIST
PIANIST
PIPER
SOLOIST
VOCALIST

Word Search 159
Reading the Newspaper

T	B	I	M	E	A	U	N	E	M	U	A	U	E	F
L	A	T	N	T	N	I	G	T	X	A	T	R	D	R
C	E	B	A	T	V	I	I	T	D	T	D	S	I	O
M	A	R	L	D	E	G	L	O	I	Y	R	E	T	N
R	O	R	U	O	V	R	U	D	E	D	I	A	O	T
R	K	S	T	T	I	I	V	I	A	T	L	C	R	P
E	D	N	E	O	A	D	C	I	D	E	T	I	I	A
G	R	S	O	P	O	E	T	E	E	E	H	M	A	G
A	S	I	L	N	O	N	F	A	C	W	N	O	L	E
P	L	E	A	D	S	T	O	R	Y	O	E	C	O	U
K	Y	R	A	U	T	I	B	O	E	A	L	R	A	Y
C	S	R	E	P	O	R	T	E	R	C	I	U	P	I
A	A	C	I	A	E	S	O	T	O	H	P	W	M	P
B	S	L	T	N	I	R	P	S	W	E	N	B	F	N
T	T	C	O	L	U	M	N	I	S	T	N	M	E	T

ADVICE COLUMN
BACK PAGE
CARTOON
COLUMNIST
COMIC
EDITORIAL
EXTRA
FEATURE
FRONT PAGE

HEADLINE
INTERVIEWER
LEAD STORY
NEWSPRINT
OBITUARY
PHOTOS
REPORTER
TABLOID
TV GUIDE

Word Search 160

Do the Right Thing

A	S	V	H	S	L	A	E	D	I	N	I	L	A	N
R	U	T	H	G	I	R	P	U	S	N	O	H	H	G
I	P	R	O	P	E	R	O	B	T	U	B	A	R	T
G	G	P	Y	A	D	A	S	E	E	E	T	S	N	U
H	D	C	T	A	T	H	G	N	M	S	R	E	S	A
T	U	L	O	D	N	R	L	O	U	E	C	T	E	E
E	I	G	T	N	I	S	R	J	V	E	A	T	T	H
O	S	O	S	T	D	A	S	I	D	N	N	T	S	D
U	T	O	Y	T	L	U	R	E	D	E	P	S	A	D
S	R	D	G	I	G	T	C	A	L	B	L	U	H	A
T	A	A	T	H	U	L	R	T	R	E	U	B	C	H
S	I	Y	S	O	R	D	O	A	I	B	M	U	O	D
H	G	T	U	D	S	S	P	T	L	R	J	A	L	N
R	H	S	E	D	H	P	U	R	E	I	U	R	L	S
O	T	L	A	C	I	H	T	E	O	I	T	M	C	B

BLAMELESS
CHASTE
CONDUCT
DECENT
ETHICAL
GOOD
IDEALS
INTEGRITY
JUST

MORALITY
NOBLE
PROPER
PURE
RIGHTEOUS
STANDARDS
STRAIGHT
UPRIGHT
VIRTUOUS

Word Search 161

Keeping Time

```
Y O E E O A E S O T R R A E H
A W R R M O N T H A I N U K I
N E N N D E O A N C L E A O R
U M T S O I M O O E T L S N H
M C I M N O S C H A A E T T H
R N Z D S A M A D R N Z G E C
U U O E E E T M M O S O E M O
N E N S I K N E H N T R I Z P
N O E S E M I H C D A N Z S E
R A E Y E G E I S D U H H T I
O C R G E A O E Y T N D K C Y
Z O T N E M O M E U D A N M O
I W E E K T D N N E M Y H D E
L K N T I M E R H M E G A A C
K S I R A E D A C E D O S L E
```

AGE	MINUTE
ALARM	MOMENT
CHIMES	MONTH
DATE	MOON
DAY	SEASON
DECADE	TIMER
EPOCH	WEEK
ERA	YEAR
HOUR	ZONE

Word Search 162
Bread Loaves

B	A	T	A	I	H	C	H	R	Y	T	S	A	A	E
I	E	A	T	E	I	L	P	H	R	G	T	O	S	P
M	I	I	Y	A	U	E	S	C	L	B	I	Y	Y	R
I	C	L	A	R	E	B	A	A	Y	L	U	A	D	A
X	U	E	S	B	A	D	O	T	B	A	R	R	E	L
E	Y	A	I	T	E	N	L	E	X	H	F	O	B	A
D	S	U	C	D	U	E	A	T	I	G	E	R	A	E
R	E	H	E	D	P	L	C	R	A	Y	D	T	E	M
S	R	E	B	S	G	S	L	S	G	E	B	T	S	A
T	S	T	O	T	M	L	T	Y	E	A	L	C	H	S
I	L	E	C	A	R	R	P	S	R	E	L	A	L	A
H	D	D	L	T	A	L	N	L	A	P	M	D	N	R
L	E	T	L	B	A	I	E	E	A	I	H	O	N	I
I	Y	T	A	I	L	Y	I	B	R	C	R	S	F	E
W	R	I	T	S	I	I	E	T	I	H	W	U	A	R

BARLEY
BARREL
BATCH
CHIA
COB
FRUIT
GRANARY
LINSEED
MALTY

MIXED
PLAIT
RYE
SEEDED
SODA
SOYA
SPELT
TIGER
WHITE

Solutions

Puzzle 1

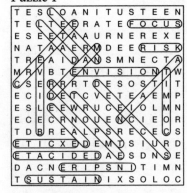

Puzzle 2

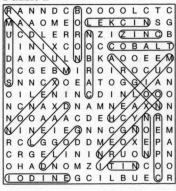

Puzzle 3

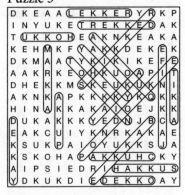

Puzzle 4

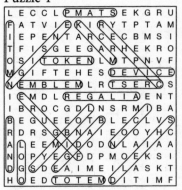

Puzzle 5

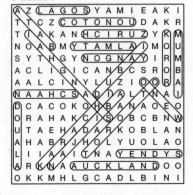

Puzzle 6

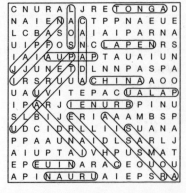

Solutions

Puzzle 7

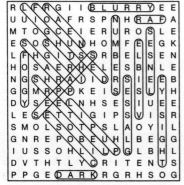

Puzzle 8

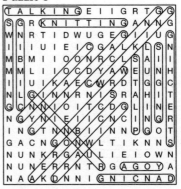

Puzzle 9

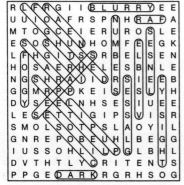

Puzzle 10

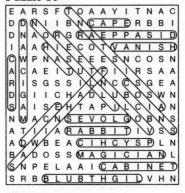

Puzzle 11

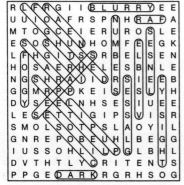

Puzzle 12

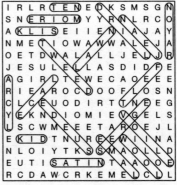

Solutions

Puzzle 13

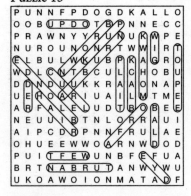

Puzzle 14

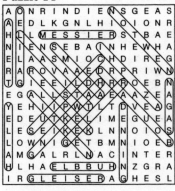

Puzzle 15

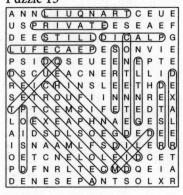

Puzzle 16

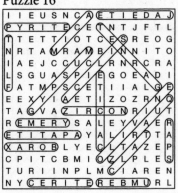

Puzzle 17

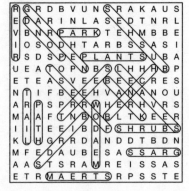

Puzzle 18

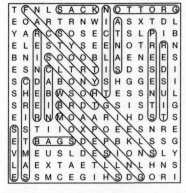

Solutions

Puzzle 19

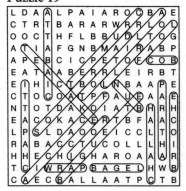

Puzzle 20

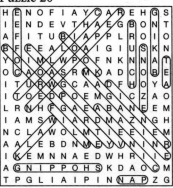

Puzzle 21

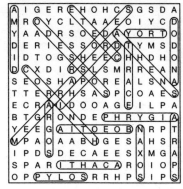

Puzzle 22

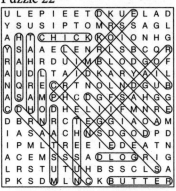

Puzzle 23

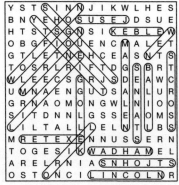

Puzzle 24

Solutions

Puzzle 25

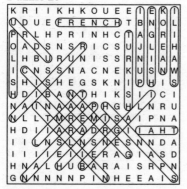

Puzzle 26

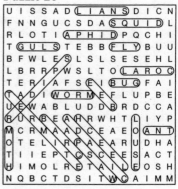

Puzzle 27

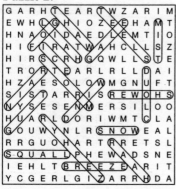

Puzzle 28

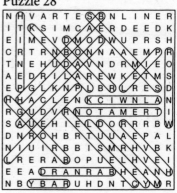

Puzzle 29

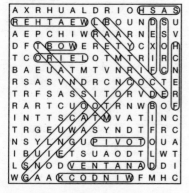

Puzzle 30

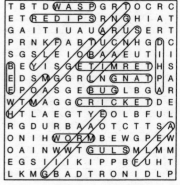

Solutions

Puzzle 31

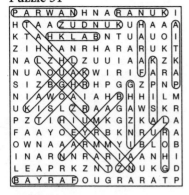

Puzzle 32

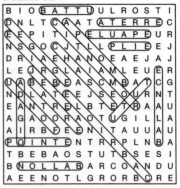

Puzzle 33

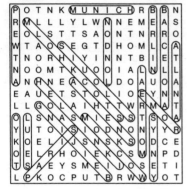

Puzzle 34

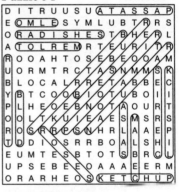

Puzzle 35

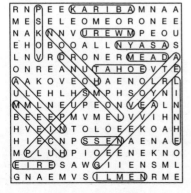

Puzzle 36

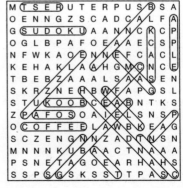

Solutions

Puzzle 37

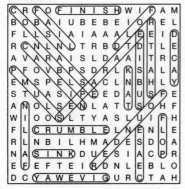

Puzzle 38

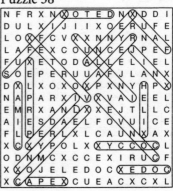

Puzzle 39

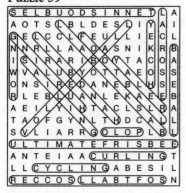

Puzzle 40

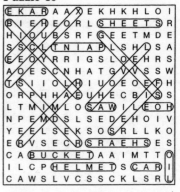

Puzzle 41

Puzzle 42

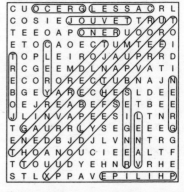

Solutions

Puzzle 43

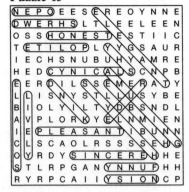

Puzzle 44

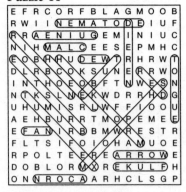

Puzzle 45

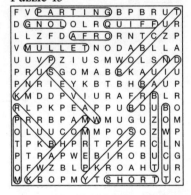

Puzzle 46

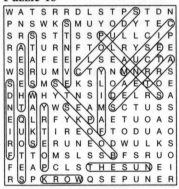

Puzzle 47

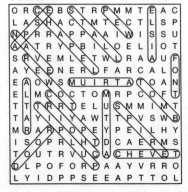

Puzzle 48

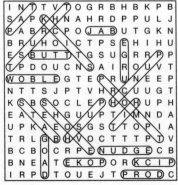

Solutions

Puzzle 49

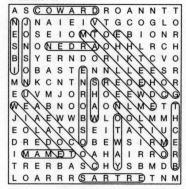

Puzzle 50

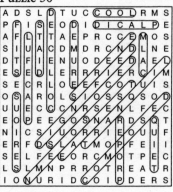

Puzzle 51

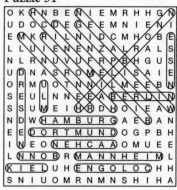

Puzzle 52

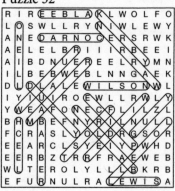

Puzzle 53

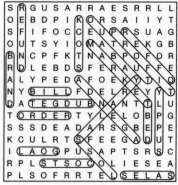

Puzzle 54

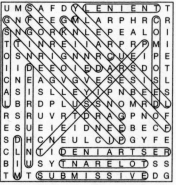

Solutions

Puzzle 55

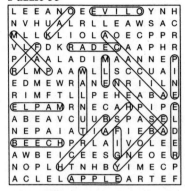

Puzzle 56

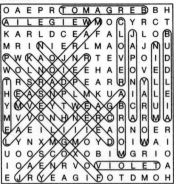

Puzzle 57

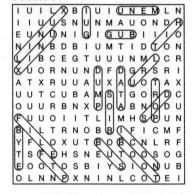

Puzzle 58

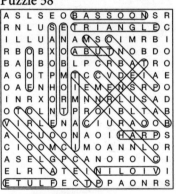

Puzzle 59

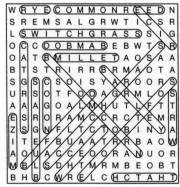

Puzzle 60

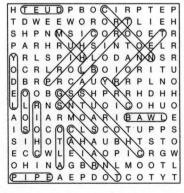

Solutions

Puzzle 61

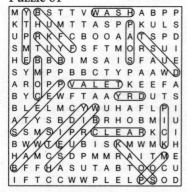

Puzzle 62

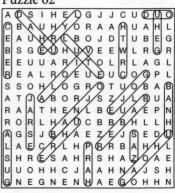

Puzzle 63

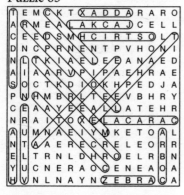

Puzzle 64

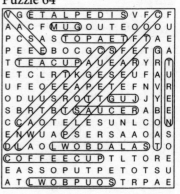

Puzzle 65

Puzzle 66

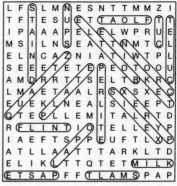

Solutions

Puzzle 67

Puzzle 68

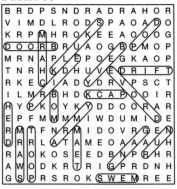

Puzzle 69

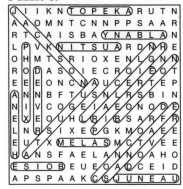

Puzzle 70

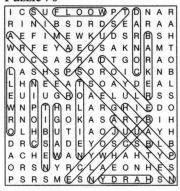

Puzzle 71

Puzzle 72

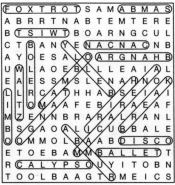

Solutions

Puzzle 73

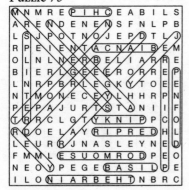

Puzzle 74

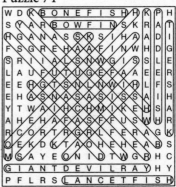

Puzzle 75

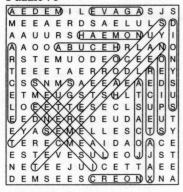

Puzzle 76

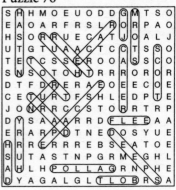

Puzzle 77

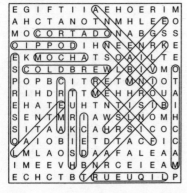

Puzzle 78

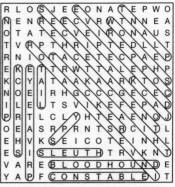

Solutions

Puzzle 79

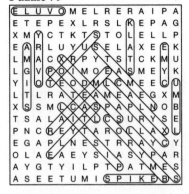

Puzzle 80

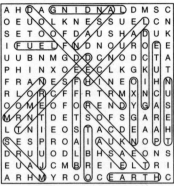

Puzzle 81

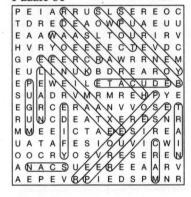

Puzzle 82

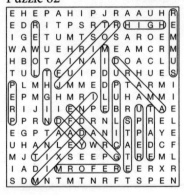

Puzzle 83

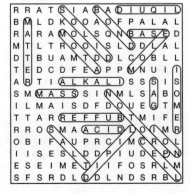

Puzzle 84

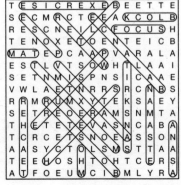

Solutions

Puzzle 85

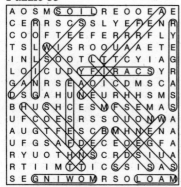

Puzzle 86

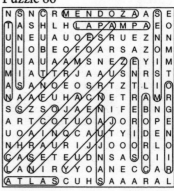

Puzzle 87

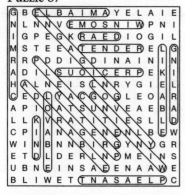

Puzzle 88

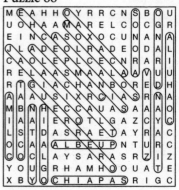

Puzzle 89

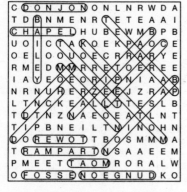

Puzzle 90

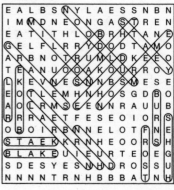

Solutions

Puzzle 91

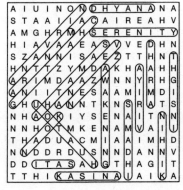

Puzzle 92

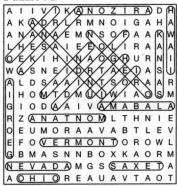

Puzzle 93

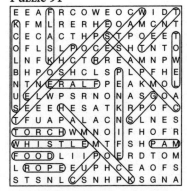

Puzzle 94

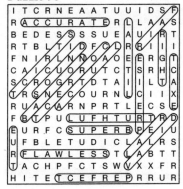

Puzzle 95

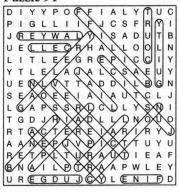

Puzzle 96

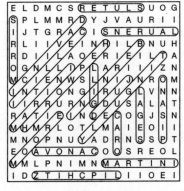

Solutions

Puzzle 97

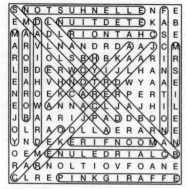

Puzzle 98

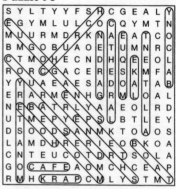

Puzzle 99

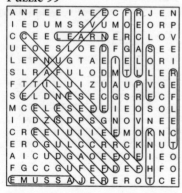

Puzzle 100

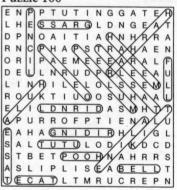

Puzzle 101

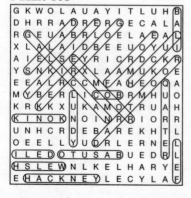

Puzzle 102

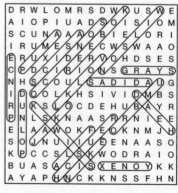

Solutions

Puzzle 103

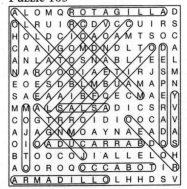

Puzzle 104

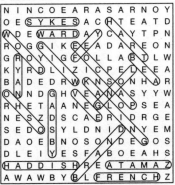

Puzzle 105

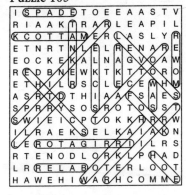

Puzzle 106

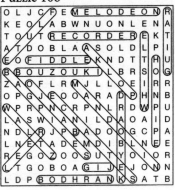

Puzzle 107

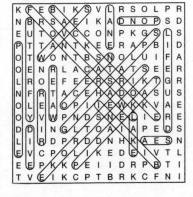

Puzzle 108

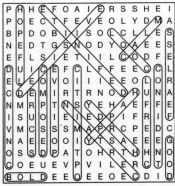

Solutions

Puzzle 109

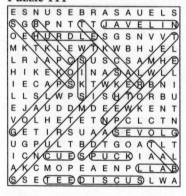

Puzzle 110

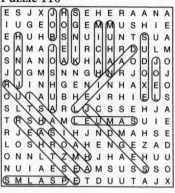

Puzzle 111

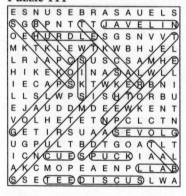

Puzzle 112

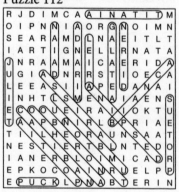

Puzzle 113

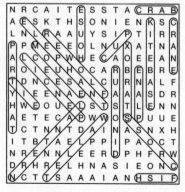

Puzzle 114

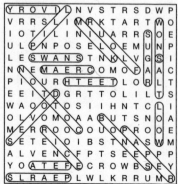

Solutions

Puzzle 115

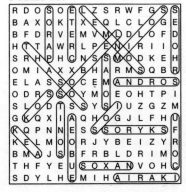

Puzzle 116

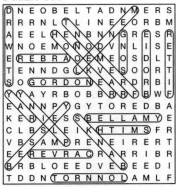

Puzzle 117

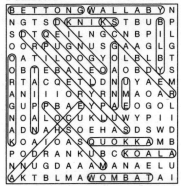

Puzzle 118

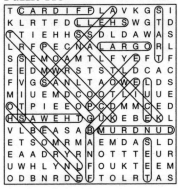

Puzzle 119

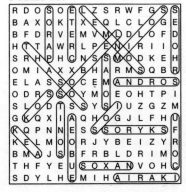

Puzzle 120

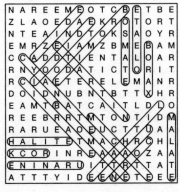

Solutions

Puzzle 121

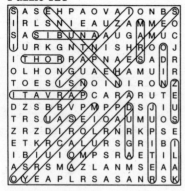

Puzzle 122

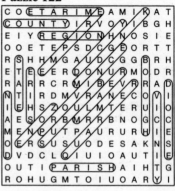

Puzzle 123

Puzzle 124

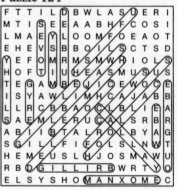

Puzzle 125

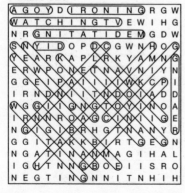

Puzzle 126

Solutions

Puzzle 127

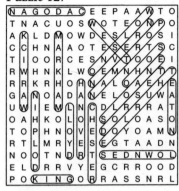

Puzzle 128

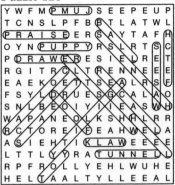

Puzzle 129

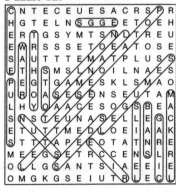

Puzzle 130

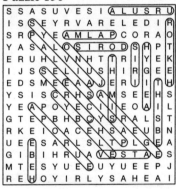

Puzzle 131

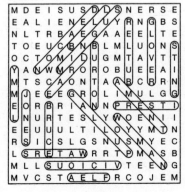

Puzzle 132

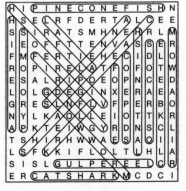

Solutions

Puzzle 133

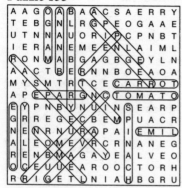

Puzzle 134

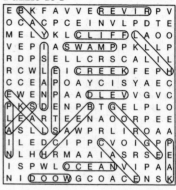

Puzzle 135

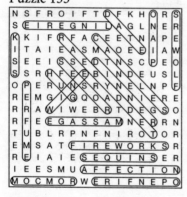

Puzzle 136

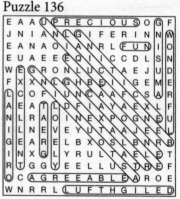

Puzzle 137

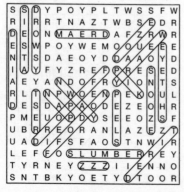

Puzzle 138

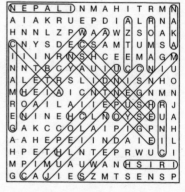

Solutions

Puzzle 139

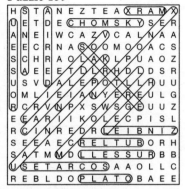

Puzzle 140

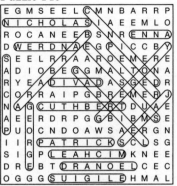

Puzzle 141

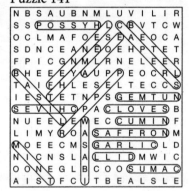

Puzzle 142

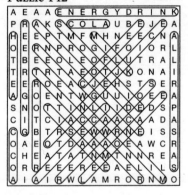

Puzzle 143

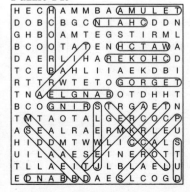

Puzzle 144

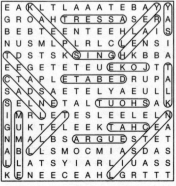

Solutions

Puzzle 145

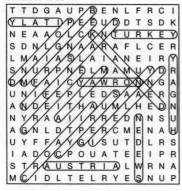

Puzzle 146

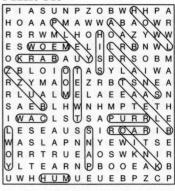

Puzzle 147

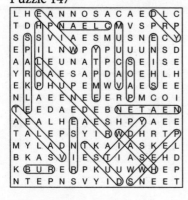

Puzzle 148

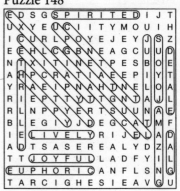

Puzzle 149

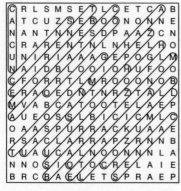

Puzzle 150

Solutions

Puzzle 151

Puzzle 152

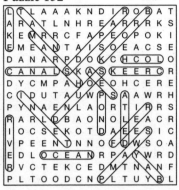

Puzzle 153

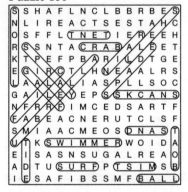

Puzzle 154

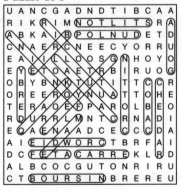

Puzzle 155

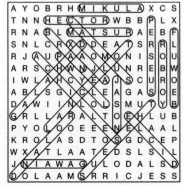

Puzzle 156

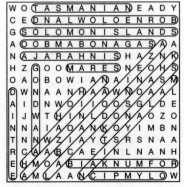

Solutions

Puzzle 157

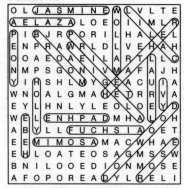

Puzzle 158

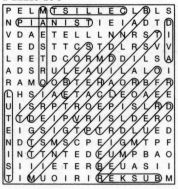

Puzzle 159

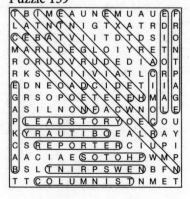

Puzzle 160

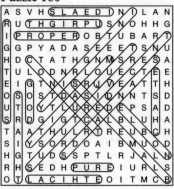

Puzzle 161

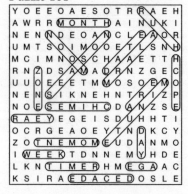

Puzzle 162

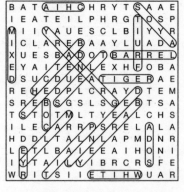